통합 브랜드 커뮤니케이션

IMC TO IBC

통합 브랜드 커뮤니케이션

IBC

박준형 지음

INTEGRATED MARKETING COMMUNICATION
TO INTEGRATED BRAND COMMUNICATION

이큰

● 목차

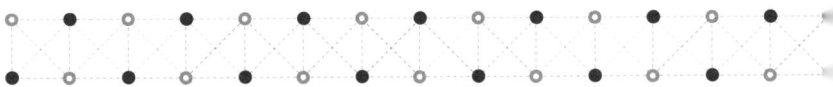

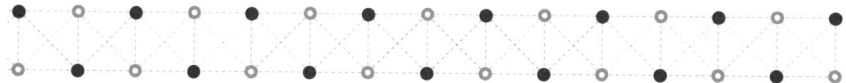

삼성경제연구소에서 발표한 2011년 히트상품 1위는 '꼬꼬면'이다. 전국 단위로 팔리는 인스턴트 라면은 당연히 전문성을 가진 대기업 라면회사가 개발해야 한다는 기존의 상식을 깬 의외의 사건이다. 라면의 전문성이 전혀 없는 개그맨이 예능 프로그램에서 개발한 꼬꼬면은 탄생부터 색다른 브랜드 스토리를 가지며 실제 라면 시장에서 엄청난 위력을 발휘하고 있다.

히트상품으로 공식 발표는 안됐지만 이미 전국은 '나는 꼼수다' 열풍이다. 팟캐스트라고 하는 매우 조악한 형태의 1인 미디어 방송을 수십만의 사람들이 언제 업로드가 되나 기다리며 대기하는 진풍경을 유발시키며 수백만의 사람들에게 막강한 영향력을 발휘하고 있다. 거대 미디어가 만들어 내는 의제에 의해 사회가 움직인다는

'아젠다 세팅 이론'은 이제 그 내용을 수정해야 할 단계에 와 있는 듯하다. 과연 사회적인 의제를 만들어 내는 것이 거대 미디어인지 아니면 SNS라고 불리는 새로운 미디어인지……

　수만, 수십만의 팔로워를 거느린 개인 트위터리언이 곳곳에서 영향력을 발휘하고, 파워 블로거들의 영향력은 웬만한 광고의 파워를 능가하며, 매스 미디어를 통하지 않고도 수백만의 사람들과 공감을 나눌 수 있는 유튜브라는 공간이 존재하고, 1인 혹은 소수의 사람들이 만들어내는 방송이 오히려 거대 방송보다 메시지 수용도가 높은 경우가 심심치 않게 발생한다. 지상파 TV 채널에 종합편성 채널이 네 개나 더해져 바야흐로 미디어 빅뱅의 시대라 라고 말하는 것은 매우 단편적 현상 파악이고, 스마트폰 시대 이후 미디어를 둘러싼 환경은 뿌리부터 흔들리고 있다 라는 새로운 현상 파악이 시급한 시점이다.

　이미 발생한 현상이지만 새로운 환경이 왜, 어떻게 바뀌고 있으며 그 개념이 무엇인 지 보통 사람들은 잘 보지 못한다. 그런데 누군가는 그 새로운 현상을 정확히 읽어 내고 있고 그 능력을 우리는 인사이트 혹은 통찰력이라 부른다. 이 책의 저자 박준형도 그 통찰력을 발휘해 지금의 시대를 '미디언스의 시대'라고 정의한다. 미디어와 오디언스의 합성어로서 '미디언스'라는 새로운 조합어를 제시하며 소셜미디어 시대의 오디언스는 더 이상 정보를 수신하는 자가 아니라 정보를 재창출하는 미디어의 역할도 동시에 하는 청중이라는 의미를 새롭게 제시한다.

박준형, 그는 내가 본 광고계 최고의 마케터다. 2002년 한일월드컵 당시 전국민을 붉은 악마로 만들었던 SK텔레콤의 'Be the Reds' 캠페인의 프로젝트 리더였고, 광고업계 최고의 경쟁력을 자랑하는 TBWA의 '좌뇌'로서 많은 AE들과 제작들의 전략 컨설턴트의 역할을 수행하며 수많은 성공 캠페인을 함께 만들어 온 TBWA의 핵심 경쟁력이다. 그는 올해 초 나에게 IBC 본부의 세팅을 제안했다. 그리고 지금 그 본부의 본부장으로 누구보다 먼저 새로운 환경에 능동적으로 실험하고 대응하고 실행을 하고 있다.

누군가 가 본 길이라면 많은 사례를 참조할 수 있고 누군가를 벤치마킹 할 수 있다. 그러나 아무도 가보지 않은 길이라면 조금 먼저 시대를 읽고 반보 먼저 실행하는 사람의 얘기를 귀 기울여 들어 보는 것이 큰 도움이 될 것이다.

나는 박준형 그리고 그의 책을 적극 추천한다.

TBWA코리아

대표이사 사장 강철중

한국의 CEO들이 2011년 한 해를 돌아보며 떠 올린 키워드는 혼
란과 위기로 나타났습니다. 한마디로 안정적이지 않다는 말이며 이
러한 불안정한 느낌은 2012년도의 전망까지도 어둡게 만들고 있습
니다. 저자 개인적인 느낌 역시 최근 몇 년 동안 나를 둘러싼 모든
것들에 대해서 이러한 느낌을 받았습니다.

이러한 불안정의 원인에 대해서 생각해 보면 현상적으로는 우리
가 살고 있는 환경인 정치 경제 사회문화라는 모든 측면에서 수없이
많은 요인을 떠올려 볼 수 있겠지요. 그러나 이렇듯 제각각의 수많은
현상적 요인들에 대해서, 하나의 공통적인 특성을 찾아 볼 수 있다
고 생각합니다. 그것은 현재 벌어지는 현상이 과거에는 볼 수 없었던
것들이며 우리가 알고 있는 상식으로 설명되지 않는다는 것입니다.

저와 더불어 이 시대를 같이 살고 있는 우리는 우리가 알고 있는 지식 또는 상식에 의해 더 이상 설명되지 않는 것들을 보면서 혼란이나 위기 같은 불안정한 느낌의 키워드를 떠올리는 것 같습니다.

이는 곧 우리가 대 격변기에 살아가고 있다는 증거라고 생각합니다. 우리의 삶을 지배하는 커다란 패러다임의 변화적 과도기에 우리는 살고 있습니다. 이로 인해 우리는 모두 불안해 하고 있는 것 같습니다. 이러한 불안은 변화에 겁을 내는 인간의 기본 심리에 기인한다고 생각합니다. 그러나 중요한 것은 이러한 불안의 원인인 대변화의 조짐이 곧 미래의 나쁜 일에 대한 경고는 아니라는 겁니다. 우리의 역사가 그랬듯이 인류의 역사는 불안이라는 변화를 겪으며 지속적으로 발전해 왔습니다. 따라서 지금의 이러한 불안 역시 미래의 또 다른 발전을 가져 올 수 있는 과정 상의 불안이라고 믿고 있습니다.

이러한 믿음의 단서는 CEO들의 키워드에서 혼란과 위기와 같이 등장하는 'SNS' 라는 키워드에서 찾아 볼 수 있습니다. CEO들은 왜 올해의 키워드로 혼란과 위기 그리고 SNS를 공통적으로 떠올렸을까요? CEO들에게 혼란과 위기로 비추어진 것들인 '더 이상 과거의 상식 또는 패러다임으로 설명되지 않는 일'들은 SNS와 상당한 연관성이 있기 때문입니다. SNS가 의미하는 바는 바로 미디어의 개인화라는 것이며 그것은 곧 정보의 독과점 현상이 깨졌다는 것을 말합니다. 즉 정보를 통제함으로써 사회를, 공중을 또는 소비자를 통제할 수 없는 시대가 도래했다는 것을 의미한다는 것입니다. 한마디로 미디어의 개인화 또는 정보민주주의 시대가 됐다는 것이죠.

미디어의 개인화 시대에는 우리 사회 전반에 걸쳐 과거의 패러다임으로 설명할 수 없는 일들이 벌어지고 있으며 이러한 현상은 앞으로 더욱 심해질 것이라고 생각합니다. 그 중에서 이 책이 갖고 있는 초점은 기업의 경영에 어떤 일이 벌어지고 있으며 앞으로 어떤 일이 벌어질지 그리고 우리는 이를 어떻게 받아들여야 하고 이에 대해 어떻게 대처해야 할 것인가? 하는 기업 경영 차원에서 변화를 설명하고 이를 대처할 새로운 경영 패러다임을 제안하려는데 있습니다.

이 책에서 제시하는 새로운 패러다임은 한마디로 '경영이 곧 커뮤니케이션'이라는 명제 하에 커뮤니케이션을 경영 관리의 중요한 축으로 새롭게 인식하고 전사적 커뮤니케이션 경영을 시행하는 이른바 '통합 브랜드 커뮤니케이션 경영(IBC경영: Integrated Brand Communication Management)'입니다.

필자는 이러한 IBC경영에 대한 신념의 일환으로 당사 클라이언트의 IBC경영을 돕기 위해 필자가 몸담고 있는 광고 대행사인 TBWA 코리아에 IBC 본부를 새롭게 구성하고 클라이언트 서비스도 시작하였습니다. 이 기회를 빌어 이러한 저의 신념과 IBC 본부의 설립에 대한 저의 의지에 대해, 높은 해안과 부하직원에 대한 믿음을 가지고 적극적으로 도와주신 TBWA코리아 강철중 사장님에게 진심으로 감사의 마음을 전하고 싶습니다.

　또한 대중적인 서적이 아니라 그리 많은 책이 팔리지 않을 것이라는 것을 알면서도 제 뜻을 알아주고 이 책을 출판해주신 이콘 출판사 김승욱 대표님에게도 감사의 말씀을 전합니다. 아울러 저와 뜻을 같이 하는 TBWA IBC 본부의 동지들에게도 감사의 말씀을 드립니다.

　마지막으로 나의 버팀목이며 나의 부처이며 사랑하는 아내, 그리고 사랑하는 나의 두딸 현진이 지현이, 그리고 하느님께 늘 저를 위해 기도하는 어머님과 부처님에게 기도하시는 장모님 장인어른에게도 깊은 감사를 드립니다.

2012년 12월 신사동 가로수길 TBWA에서

박 준 형

1부

전통과 결별한 5건의 경영 사례

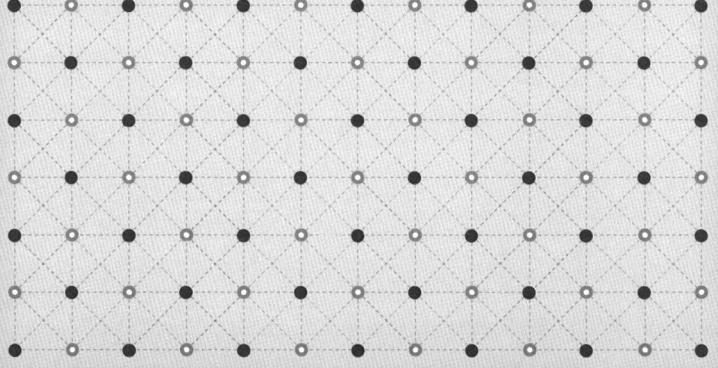

Integrated
Marketing
Communication
TO
Integrated
Brand
Communication

01.

예쁜 아가씨와의 첫 만남
현대카드

아마 이 책을 읽는 독자들의 지갑에도 신용카드가 적어도 두 장 정도는 있을 것이다. 지금 내 지갑에도 세 장의 신용카드가 있다. 나이가 나이니만큼 모두가 그래도 골드다. 이름하여 플래티넘 같은 프리미엄급 신용카드들이다. 세 장 모두 내가 자주 사용하는 신용카드다. 그러나 이 세 장의 신용카드 중 첫 만남을 기억 하는 신용카드는 오로지 한 개뿐이다. 사실 이 글은 경험해 보지 않은 사람들에게는 조금 이해하기 힘든 내용일 수 있다.

"신용카드가 무슨 첫만남이 있지?"

"어떻게 그런걸 기억해! 다 똑 같지."

사실 맞는 말이다. 보통 신용카드를 신청하면 (이것도 내 경험을 비추어 보면 지인을 통한 부탁으로 약간은 마지 못해 하는 경우가 많다.) 한

일주일 후 어떤 아주머니에게서 전화가 온다. 그리고 나가보면 큰 배낭이나 백에서 편지봉투 같은 것에 담긴 신용카드를 주며 사인을 하라고 하신다. 언뜻 배낭을 보면 그 안에는 내가 신청한 카드회사 말고도 다른 회사의 카드들도 들어 있는 것 같다. 이것이 일반적인 신용카드와 고객의 첫만남이다.

첫만남이라는 표현이 좀 거창 할 수 있지만 어찌 되었든 이 때가 내가 사용할 신용카드를 처음으로 보는 순간이다. 모든 것의 처음은 느낌이 있게 마련이고 기억에 오래 남는다. 첫 미팅, 첫사랑, 첫 번째 출근일 등이 모두 그렇다. 그러나 신용카드의 경우는 어떤 신용카드가 되었던 앞서 설명한 장면의 그림들이 대부분인지라 사실 기억나는 것은 별로 없고 오히려 기억하는 것 자체가 이상하다.

그러나 내가 현대카드의 프리미엄급 카드인 퍼플을 받을 때의 기억은 지금도 남아 있다. 정확히 말하면 장면에 대한 기억보다 그 순간의 느낌과 인상에 대한 기억이다. 그 순간의 기억을 한마디로 말하면 '아! 역시 현대카드는 다르구나.' 였다. 카드를 가지고 온 사람은 일상복을 입은 아주머니가 아니라 현대카드의 브랜드 칼라인 군청색 유니폼을 입고 명찰을 가슴에 달고 온 단정한 아가씨였다. 아가씨냐 아줌마냐가 중요한 것은 아니다. 현대카드 명찰과 유니폼을 단정히 입고 오로지 나만을 만나러 온 것 같은 그 모습이 현대카드와 나와의 첫 만남이었다. 매우 신선하였으며 신뢰감이 갔다. TV 광

_____ 현대카드 퍼플 패키지

고에서 느꼈던 '다름'을 실감할 수 있었던 순간이었다.

두 번째 감동은 퍼플을 담은 봉투였다. 다른 카드의 경우 일반 편지봉투 같은 것에 담겨 오는 데 반해 퍼플의 경우는 그 포장이 너무나 아름다웠다. 고급스러움이 느껴지는 보라색의 세련된 봉투에 정성껏 포장된 퍼플 카드를 보면서 또 한 번 현대카드의 '다름'을 실감했다.

브랜드란 무엇일까?

많은 답이 있을 수 있다. 전문가들까지도 관점에 따라 다양한 정의를 내리고 있다. 그 가운데 내가 가장 즐겨 사용하는 브랜드에 대한 정의는 '제품과 서비스를 구분^{Identification}지을 수 있으며 차별화^{Differentiation}할 수 있는 모든 것' 이다. 여기서 가장 중요한 것은 경영자의 의지다. 내가 무엇을 가지고 나의 브랜드를 경쟁사와 구분 짓고 차별화 시킬 것인가 하는 경영자의 의지가 브랜드의 정의에서 가장 중요하다는 것이다.

현대카드의 경우는 카드의 포장(봉투), 카드의 유통(배달) 까지도 모두 브랜드라는 개념으로 생각하고 있었다. 배달과 봉투에 있어서도 카드 사용 혜택처럼 차별화하려는 시도를 한 것 이다. 이로 인해 나는 현대카드가 TV 광고에서 전달하려고 했던 '남들이 생각하지 못하는 혁신'을 실감했고 공감했으며 그들의 철학을 인정하고 그들의 팬이 되었다.

현대카드의 이러한 혁신은 제품은 물론 마케팅과 경영 전반에 걸쳐 나타난다.

'make break make' - 남이 하지 않은 것을 먼저 한다.
그리고 버린다. 또 새로운 것을 만든다.

───── 현대카드 정신

    2003년 다이너스 카드를 통해 카드업계에 마지막으로 들어온 늦둥이 현대카드는 어느덧 카드시장의 중심에 자리잡고 있다. 카드업계에선 볼 수 없었던 조금은 희한한 광고로 주목을 끌던 현대카드는 남들이 전혀 신경을 쓰지 않은 신용카드 디자인에서도 브랜드의 차별화를 시도하여 투명카드, 미니카드 등과 예술작품이 활용된 카드 디자인을 창조하여 독특한 강점을 만들어 냈다. 물론 차 살 때 200만 원 할인, 적립율 5%, 비행기 티켓 할인 등과 같이 혜택 면에서도 남들이 하지 않은 것들을 만들어 고객에게 차별화된 만족을 주었다.

현대카드의 고객 서비스 중 하나인 슈퍼콘서트와 슈퍼매치 등도 상식의 선을 뛰어넘는 고객만족을 제공한다. 슈퍼콘서트는 안드레아 보첼리, 휘트니 휴스턴, 빈 필하모닉과 조수미, 플래시도 도밍고, 빌리조엘, 비욘세 등 정말로 만날 수 없고 돈 주고도 쉽게 볼 수 없는 세계적인 스타들만을 초청하고 있다. 스포츠에 있어서도 샘프라스와 패더러, 패더러와 나달, 샤라포바와 윌리암스 등 역시 쉽게 접할 수 없는 스타들을 초빙하여 고객에게 예상하지 못한 즐거움을 선사하고 있다.

여기서 또 한가지 남다른 행동이 있다. 보통 이런 큰 행사에는 수많은 제품 광고가 행사장에 걸리게 되어 있다. 마케팅 차원에서 보면 돈을 많이 쓰는 프리미엄 고객들에게 자사 제품과 서비스를 알릴 수 있는 좋은 기회이기 때문이다. 그러나 현대카드는 달랐다. 행사장 주변에서는 현대카드와 현대캐피탈 이라는 기업 브랜드를 제외하고는 어떤 광고문구나 제품광고도 볼 수 없다. 남다른 프리미엄 서

───── 슈퍼매치, 슈퍼댄스, 슈퍼토크

_____ 현대카드 사옥

비스의 의미를 흐트러트릴 수 있다는 이유였다. 참 놀라운 일이 아닐 수 없다.

현대카드 사옥을 방문한 고객들은 다시금 놀란다. 일반적인 금융회사의 보수성은 어디에서도 찾아 볼 수 없다. 회사인지 공연장인지 호텔 라운지인지 모를 정도다. 이 안에서 현대카드 직원들은 '새로운 것이 아니면 실행하지 않는다.'는 회사의 정신을 매일같이 실행에 옮겨 가고 있다.

이와 같이 현대카드는 제품과 서비스, 마케팅과 커뮤니케이션, 사옥과 디자인에 이르기 까지 모든 것에 대해 남다름을 추구한다. 그리고 이 남다름을 추구하는 현대카드의 CEO는 오늘도 트위터에서 때로는 고객과 때로는 대학생들과 그리고 직원들과 소통을 하고 있다.

02.

애견과 함께 출근하는
페디그리 Pedigree

아침 8시, 그들은 사랑하는 애견을 혼자 집에 두지 않는다. 그들은 애견을 데리고 회사 현관을 당당히 들어온다. 그리고 유유히 자기의 자리로 간다. 그들은 애견을 옆에 두고 근무하며 심지어 회의실에도 애견을 동반한다. 회의실에는 동료들의 애견들도 있다. 그들은 모든 업무를 그들이 사랑하는 애견들과 함께 하며 함께 퇴근한다. 이 회사의 모든 직원들은 자신의 개를 정말 끔찍이 사랑한다. 아니 자신의 애견뿐만 아니라 이 세상의 모든 견공들을 사랑한다. 그들은 거리를 돌아다니는 유기견들을 적극적으로 입양하며 이들이 새로운 주인을 찾을 수 있도록 하는 입양프로그램을 적극적으로 지지한다. 그렇다고 그들이 애완견 동호회이거나 애완견 협회도 아니다. 그러나 진정으로 개를 사랑한다.

그들은 페디그리Pedigree라는 개에게 먹이는 음식을 만드는 회사에 다니는 사람들이다. 우리나라에서도 페디그리 제품을 구입할 수 있어 아마 애완견을 키우는 독자들은 페디그리라는 브랜드를 본적이 있을 것이다.

페디그리가 처음부터 이런 애완견 동호회 분위기의 회사는 아니었다. 그들도 처음에는 다른 사료 회사와 별반 다르지 않았다. 그들의 관심은 오로지 애완견의 먹이 그 자체에만 있었다.

어떻게 하면 더 영양가 있는 먹이를 만들 수 있을까?

어떻게 하면 더 빨리 더 힘센 애완견을 만들 수 있을까?

애완견들이 더 잘 먹는 먹이는 무엇일까?

이 먹이를 먹은 개들의 변이 더 작고 냄새 나지 않게 만들 수 있을까?

…

페디그리 사무실
입양프로그램 행사

그들의 관심은 오로지 어떻게 하면 더 좋은 먹이를 만들 수 있을까 였다. 그리고 어떻게 그것을 소비자들에게 전달해 우수하다는 평가를 받을 수 있을지 궁금해 했다.

물론 이런 행동이 틀린 것이라고 말할 수 없다. 현재의 거의 모든 제조회사들이 이런 형태를 취하고 있다. 그들은 모두 제품의 품질에 사운을 걸고 있으며 고객과의 커뮤니케이션 및 관계 맺기라는 측면에서도 제품과 그 품질을 알리는데 중점을 두고 있다.

페디그리는 이러한 제품과 제품 품질 중심의 브랜드 행동에서 벗어나 개를 키우는 사람의 마음에 초점을 맞추었다. 개를 키우는 사람, 개에게 먹이를 주는 사람의 마음 중에서 가장 본원적인 마음은 바로 개에 대한 사랑이다. 그들은 개를 진정으로 사랑하고 가장 친한 친구 또는 가장 가까운 가족으로 생각한다. 그들은 진정으로 자신이 키우는 개를 사랑한다. 페디그리는 그들에게 개 먹이를 파는데 초점을 맞추는 것에서 벗어나 개에 대한 사랑을 공유하여 그들과 공감대를 맺는 것에 집중했다.

그보다 중요한 것은 개를 사랑하는 회사라는 것을 보여주기 위해 광고를 한 것이 아니라 실제로 개를 사랑하는 마음을 실천하는 경영으로 바뀌었다는 것이다. 페디그리는 품질 좋은 개 먹이를 만드는 회사가 아니라 개를 사랑하는 마음을 가진 사람을 진정으로 이해하고 그들과 철학을 공유하는 친구가 되는 회사로 바뀌었다. 전 직원은 모두 개를 사랑하는 사람들이 되었으며, 그들이 사랑하는 개와 늘 함께 했고, 그들의 개뿐만 아니라 이 세상의 모든 개들에게 사랑을 주고 보살핌을 주는 행동을 하였다. 또한 페디그리는 애완견과 함께하는 삶을 지향하는 이벤트를 지속적으로 실행하며 개를 사랑하는 사람들이 뭉쳐질 수 있는 구심점이 되었다.

이러한 페디그리의 변화로 인해 페디그리의 브랜드 인지도는 이전 대비 세배의 상승을 가져왔으며 무엇보다도 페디그리는 '진정으로 개를 사랑하는 기업'으로 인식되었다. 이러한 태도의 변화는 소비자 행동에도 변화를 일으켰다. 콜센터에는 페디그리를 지지하는 전화가 빗발쳤고, 캠페인을 시작한 그 해에만 12%의 매출이 늘어났다.

03. 연예인이 살지 않는 아파트
e 편한세상

  우리나라의 내로라하는 아파트 브랜드들의 광고를 보면 일류 연예인들이 좀처럼 집에선 입을 것 같지도 않고 어디서 파는지도 모를 천사 같은 옷을 입고 우아하게 와인 잔을 들고 "나 여기서 살아요." 라고 행복한 표정으로 말한다. '나도 저런 곳에서 살고 싶다.' 라는 생각이 들기도 한다. 그러나 우리 모두는 알고 있다. 그 분은 거기 살지 않으며, 집에서는 그런 옷을 입지 않는다는 것을 말이다. 이러한 커뮤니케이션은 우리에게 환상을 주지만 공감을 주지는 않는다.

_____ e편한세상 로고

또 한편에선 시위하는 모습도 보인다. 아파트 정문과 후문을 모두 막고 주민들이 출입자를 일일이 통제 하는 모습들. 그들은 아파트 분양이 사기였다고 주장한다. 이러한 모순된 정보를 듣는 소비자는 혼란스럽다. 아니 보다 정확하게 말하면 혼란스럽다기 보다는 보다 정확하게 실상을 규명한다. 광고는 광고일 뿐 이라고 말이다.

대림산업의 'e편한세상' 광고를 보면 유명 연예인이 나오지 않는다. 이 아파트 광고는 '진심' 만이 들린다. 그리고 그 진심이 눈에 보인다. 그들은 아파트 1층을 없애고, 시원한 통로를 만들었다. 주차장 차 한 대의 공간을 10센티 늘렸다. 거실에서 아이들이 마음껏 뛰놀 수 있도록 층간 방음을 강화했다. 집안에 사용하지 않는 물건을 안전하게 보관할 수 있는 창고도 만들었다. 현관문을 나설 때 앉아서 편안하게 구두를 신을 수 있는 의자도 마련되었다. 아주 멋지거나 환상적인 것들은 아니지만, 실질적으로 입주자의 편의를 제공하고 있는 것들이다. 이런 것들은 진심으로 입주자를 생각하고 입주자 입장에서 보지 않는다면 보이지 않고, 설사 보인다 해도 실행하기 힘든 것들이다. 입주자 입장에서야 별거 아니라고 할지 모르지만 원가와 공정의 문제가 있기 때문이다.

그들은 한 걸음 더 나아가 입주자들의 아이디어를 받아 이를 직접 실행에 옮긴다. 전시차원에서 입주자들의 아이디어를 받는 행동은 보았지만 이를 직접 설계와 시공에 반영하는 아파트는 많이 보지 못

_____ e편한세상 주차장과 창고

했다. 이 모든 것들이 'e편한세상'의 '진심'을 표현하고 있다.

여기서 중요한 것은 이러한 결정들이 결코 마케팅 차원에서 이루어질 수 없는 의사결정들이라는 것이다. 설계변경 및 시공변경 등은 시간과 비용의 큰 변화를 가져오며 이는 결국 아파트 사업 자체의 수익성과 자금 흐름에도 영향을 미치는 의사 결정이기에 경영차원의 의사결정이다. TV 광고, 더 나아가서 소비자와의 커뮤니케이션을 어떻게 할 것인가에 대한 의사 결정 또한 이 회사에서는 경영전략 차원에서 결정된다는 것을 의미한다.

또 한가지 짚고 넘어가야 할 것이 있다. 모든 기업은 고객의 의견과 욕구를 반영하려고 노력한다. 그리고 고객의 마음에 들기 위해 마케팅부터 기업 활동에 이르는 모든 활동을 기획한다. 여기서 중요한 포인트는 고객의 욕구를 어떤 관점에서 바라볼 것인가 하는 것이다.

내가 고객을 바라볼 것인가? 고객이 나에게 바라는 것을 볼 것인가? 하는 것인데, 전자를 인사이드 아웃 접근 Inside Out Approach 이라고 하며 후자를 아웃사이드 인 접근 Outside in Approach 이라고 한다. 인사이드 아웃 접근법은 내가 목표를 세워놓고 그 목표를 달성하기 위해 고객을 설득하는 것이라고 할 수 있다. 대표적으로 화려한 인테리어와 최고의 가전제품을 구비하고 유비쿼터스 통신시설로 실내를 조정하는 럭셔리 아파트를 지어 넣고 이것의 가치를 설득하는 마케팅이라고 할 수 있다. 내가 이렇게 하면 고객이 좋아할 것이라는 것을 내가 판단 하는 것이다. 일정수준의 목표 이익률을 정해 놓고 그 안에서 아파트를 만드는 방식 또한 인사이드 아웃 방식이다. 이에 반해 'e편한세상'은 '진심'을 전달하기 위해 고객이 원하는 것을 만든다는 것을 최고의 목표로 삼아 이것을 만들기 위해 내부가 변하고 고민을 하는 아웃 사이드 인 접근을 실행해 가고 있는 몇 안 되는 기업 중의 하나이다.

인사이드 아웃 이냐? 아웃사이드 인이냐? 는 마케팅뿐만 아니라 일상 생활에서도 매우 중요하다. 우리 삶 속에 있는 관계라는 것이 모두 이에 해당한다. 부부싸움의 모습을 들여다 보면 이에 대한 이해가 더 잘 될 것이다. 흔히 이 시대의 아버지는 가정을 위해 고생하고 먹기 싫은 술도 먹고 하기 싫은 일도 하며 주말도 없이 일한다고 한다. 그리고 없는 용돈을 쪼개 아내를 위한 명품 가방을 사주기도 한다. 그리고 스스로를 아내나 가정을 위해 존재하는 좋은 남편,

좋은 아버지라고 생각한다. 그리고 그것을 몰라주는 아내를 원망한다. 이것이 인사이드 아웃 접근이다. 아내는 명품 가방보다 따뜻한 한마디 말과 공감을 이룰 수 있는 대화를 더 원하고 진정으로 고마움을 표시하는 남편의 한마디를 더 원한다. 이것을 아는 것이 아웃사이드 인 접근이다. 생활에서도 아웃사이드 인 접근방식을 취한다면 우리는 보다 행복한 삶을 살 수 있을 것이다.

04. 삼겹살을 구워 먹으며 승리를 즐기는 SK와이번스

스포테인먼트Sportainment는 스포츠와 엔터테인먼트의 합성어로 팬들에게 즐거움을 주는 야구를 지향하는 SK야구단의 의지이자 팬들에 대한 약속이다. 그 의지를 가장 잘 나타내는 것은 문학구장(인천 SK와이번스의 홈구장)의 관중석이다. 모두가 함께 하는 응원과 노래, 그리고 온 가족이 원두막에 모여서 삼겹살을 구워 먹으며 수박을 먹으며 즐기며 보는 야구를 구현한 것이다. 나 역시 문학 구장을 자주 찾는데 심지어는 회까지 떠와서 먹고 노는 사람들도 보았다. 문학 구장은 내야보다도 잔디가 깔린 외야가 더 인기가 많다. 예전에는 모두가 꺼리고 입장료도 가장 쌌지만, 지금

_____ SK와이번스 로고

은 먼저 예약이 차고 가격도 많이 올랐다. (바비큐존 4인석 6만 원, 외야석 초가정자 9만6천 원) 또한 경기가 끝나면 승리를 축하하는 밤하늘을 수놓는 환상적인 폭죽 쇼는 운동장을 찾은 가족과 연인들에게 너무나 즐겁고 행복한 추억을 만들어 준다.

즐거운 야구의 또 다른 핵심인 '승리'에도 많은 노력을 기울이고 있다. 지난 2000년 창단 이래 짧은 시간에 세 번의 우승(2007, 2008, 2010 시즌)을 이루어 냈다. 참가에 의미가 있다는 말도 있고, 과정을 즐겼다는 말도 있고, 최선을 다하면 그뿐이라는 말도 있지만 그래도 이왕이면 승리가 더 좋을 것이다. 자기가 응원하는 팀의 승리는 무엇보다도 큰 즐거움이며 하루의 스트레스를 풀어주는 활력제라는 것은 모두가 같은 느낌일 것이다.

2002년 월드컵에서 우리나라 축구는 승리에 승리를 거두며 4강 신화를 이룩하였다. 나뿐 아니라 우리나라 국민에게 정말로 기쁨과 즐거움 그리고 행복을 느낄 수 있었던 순간 이었다. 이 때 SK는 비공식 스폰서지만 '대한민국! 짜짜짜 짝짝'이라는 붉은 악마 캠페인을 통해 국민과 같이 있었다.

즐거움이라는 가치는 주관적이며 상황에 따라 다르게 표현된다. 야구난은 경기에서는 이기는 즐거움을 주기 위해 노력하고, 관중들은 그 과정에서 응원을 하며 노래하고 춤추고 소리치며 스트레스를 풀고 즐긴다. 여기에 더해 문학구장에서는 삼겹살을 구어 먹으며 가족과 소풍의 즐거움도 얻는다. 하위 팀의 급격한 상승, 스타라 부르기 어려운 보통선수들이 만들어 낸 SK와이번스의 우승을 보며 보통사람들도 해낼 수 있다는 대리 만족을 느끼며 더 나아가 보통사람의 자부심과 '나도 할 수 있다.'는 자신감을 얻기도 했다.

SK와이번스 야구단은 야구라는 본연의 핵심제품 이외에 야구를 즐기는 고객들의 마음을 읽고 그들이 원하는 즐거움을 제공했다. 또한 고객을 최우선으로 하는 SK그룹의 일원으로, 고객에게 자부심을 주고 행복을 느끼게 해줌으로써 모기업 브랜드 자산의 구축에도 현격한 공헌을 했다고 볼 수 있다. 바로 이점이 중요하다.

SK와이번스의 스포테인먼트는 그룹 브랜드 SK의 핵심가치를 야구라는 서비스를 통해 고객에게 제공한 SK 브랜드의 행동적 커뮤니케이션이라는 차원에서 일관성을 보여주고 있다. 요사이 우리나라 그룹사들을 보면 브랜드 관리위원회 등을 만들어 공동브랜드의 이미지를 관리하며 이를 계열사 차원과 제품 브랜드 차원에 투영시키려는 노력을 많이들 하고 있다. 하지만 스포츠 구단을 이렇게 까지 관리한 기업은 없는 것 같다.

물론 이것이 사전에 의도된 것인지 어찌 하다 보니 그렇게 된 것인지는 아무도 모른다. 단지 결과적으로 보면 이렇게 해석을 할 수 있다는 것은 분명하다. 어쨌든 SK 와이번스는 그 동안 각 재벌그룹들

_____ 문학구장 피크닉존

_____ 문학구장 불꽃놀이

이 자의반 타의반으로 실행하던 스포츠 구단도 브랜드 관리차원에서 잘 활용한다면 모기업 브랜드 자산 구축에 매우 효과적인 수단임을 보여준 좋은 사례이다.

물론 이러한 SK와이번스의 노력은 실제적인 매출효과인 관중동원에 있어서도 폭발적인 증가를 가져 왔는데, 창단 첫해 약 6천명 정도였던 평균 입장 관중수가 2010년에는 무려 1만 5천명을 넘어섰다.

SK와이번스가 거둔 두 가지 효과, 즉 관중수 증가라는 눈에 보이는 효과와 눈에 보이지 않는 모그룹 SK의 브랜드 자산 구축 효과는, SK 브랜드 관리 전략 프로그램의 일환으로 스포테인먼트라는 즐기는 야구가 SK야구단의 정신으로 공유되고 체계화 되어 구단 프론트와 감독 그리고 선수단이 하나가 되어 이룩한 결과라 할 수 있다.

05.

제품이 좋아도
등을 돌리는 시대

얼마 전 아내와 대형 할인마트에 갔다. 쇼핑을 하다 무심코 잘 알려진 A 브랜드의 세제를 집어 카트에 넣었는데 아내는 이것을 제자리로 돌려놓고 B 브랜드 앞에 서서 고민을 시작했다. 옆에서 계산을 해보니 B 브랜드의 가격이 30% 정도 비쌌다. 그래서 그런지 한참을 고민하더니 썩 내키지는 않지만 할 수 없다는 표정으로 다시 A 브랜드를 집었다. 평소 같으면 전혀 고민을 할 필요가 없는 국내 굴지의 브랜드인데다 무려 30%나 저렴한데 왜 그렇게 고민했을까? 결국 선택을 했지만 왜 찜찜한 표정을 지었을까? 나중에 아내의 설명을 들은 후 나는 '우리나라도 이것이 중요한 시기가 되었구나!' 하는 생각이 들었다.

지금까지는 성공한 사례들을 중심으로 보았는데 이번 장에서는 최근(2011년 중반)에 일어난 몇 가지 꼭 생각해봐야 할 사례들을 살펴보도록 하자. 우리나라의 대표적인 세제 브랜드 A는 지금까지 줄곧 이 시장에서 선두를 지켜왔다. 브랜드 최초 상기, 브랜드 선호도, 제품 만족도, 향후 구입예정 브랜드 등 모든 소비자 브랜드 지표에서 A는 늘 넘버원이었고 우리나라 주부들의 마음을 꽉 잡고 있는 브랜드였다. 이 넘버원 브랜드가 최근에 그 지위를 다른 브랜드에게 넘겨주었는데 그 이유는 무엇이었을까?

오랫동안 사랑 받은 브랜드가 어느 순간 갑자기 이렇게 소비자의 선택에서 멀어진 데는 반드시 그 이유가 있다. 어느 한가지 이유만이 아닐 수도 있으며, 대개는 여러 가지 것들이 복합적으로 작용해 이런 결과를 만들어 낸다. 그러나 이 중 어느 한 요인이 두드러지게 작용한다면 그것만으로도 소비자는 등을 돌릴 수 있다.

이 브랜드가 1등의 자리를 내준 이유는 아쉽게도 제품 품질에 대한 요인은 아니었다. 어느 인터넷 기사로부터 시작된 이 회사의 경영방식, 특히 임직원에 대한 인사 방식의 문제가 기사화 되면서 고객뿐만 아니라 대중으로부터 기존에 가지고 있던 브랜드에 대한 이미지에 치명상을 입은 것이다. 제품을 포함한 마케팅전략의 문제가 아니라 인사관리라는 경영전략의 문제가 어떠한 경로로든 유출되며 이 기업은 현재 시장에서 그 동안 누려왔던 지위를 잃어버렸다. 실로 안타까운 일이다.

얼마 전 서울 동북부의 대형 상가 빌딩이 흔들린 사건이 있었다. 당시 이 빌딩의 입주민들 대부분은 대피했지만, 지하층에 있는 한 회사의 직원들은 그렇지 못했다. 회사에서 자리를 지킬 것을 요구했기 때문이라고 한다. 이 사실은 그 회사 직원 이 딸에게 문자 메시지를 통해 알리고, 이것이 딸의 트위터를 통해 퍼지고, 다시 기사화되면서 세상에 알려졌다.

나와 내 가족들은 사실 오래 전부터 이 회사를 주로 이용해 왔었다. 집에서 가장 가깝다는 이유로 지금도 이용하고 있다. 그런데 이 기사를 접한 후로 난 장을 보러 갈 때마다 그 사건이 생각난다. 그것도 가장 먼저 생각난다. 지금까지 내 머리 속에 있었던 이 회사에 대한 이미지들은 '싸다' '편리하다' '쾌적하다' '친절하다' 였는데, 이러한 연상들을 모두 뒤로 제끼고 '위험 상황에서 직원들에게 물건을 지키게 한 회사' 라는 것이 제일 먼저 생각난다.

이런 생각이 결코 그 브랜드에 좋은 방향으로 작용하지는 않는다. 지금도 이용은 하지만 그것은 이 브랜드가 좋다기보다 가까이 있기에 그냥 이용하는 것이다. 제품이 달라진 것도 아니고 가격이 달라진 것도 아니지만, 브랜드에 대한 신뢰도와 이미지는 부정적으로 변해버렸다. 아마 이러한 소식을 몇 번 더 접하게 되면 비록 집 앞에 있어 편리하긴 하지만, 다른 대안을 찾을 것 같다.

반면 애플은 이와 정반대의 사례이다. 아이팟, 아이폰, 아이패드 등의 제품은 모두 훌륭하다. 그러나 출시 전에 밤을 새워 줄을 서서 기다릴 만큼 대단한 차별력을 가지고 있을까? 객관적으로 보더라도 경쟁사 제품들에 비해 현격한 차이를 보이지는 않는다. 그러나 제품이 주는 것 이외의 상징성을 가지고 있다. 애플 제품들의 구입자는 스티브 잡스의 정신을 사랑하고 그를 추종한다. 애플을 산다기 보다 스티브 잡스와 교감하는 것이라고 할 수 있다. 마치 우리나라의 아이돌 가수들을 보기 위해 우리나라 젊은이는 물론 유럽의 젊은이들까지 공연장 앞 텐트에서 밤새 기다리는 느낌이다. 이것이 브랜드 팬덤^{Fandom}의 개념이 아닐까 한다.

다시 본론으로 돌아와서 이야기를 정리하면 이제 우리나라도 더 이상 제품의 질과 가격 등의 혜택으로만 선택을 하는 시대는 지나간 것 같다. 그 브랜드이름으로 들려오는 모든 소리가 소비자의 선택에 직접적으로 영향을 주는 시대가 된 것이다. 이러한 현상은 브랜드의 총체적 인격^{Integrity}을 중시하는 필립 코틀러^{Philip Kotler}가 말한 마켓 3.0 시대에 접어 들었다는 것을 의미한다.

2부

성공하는 기업의 경영이 변하고 있다

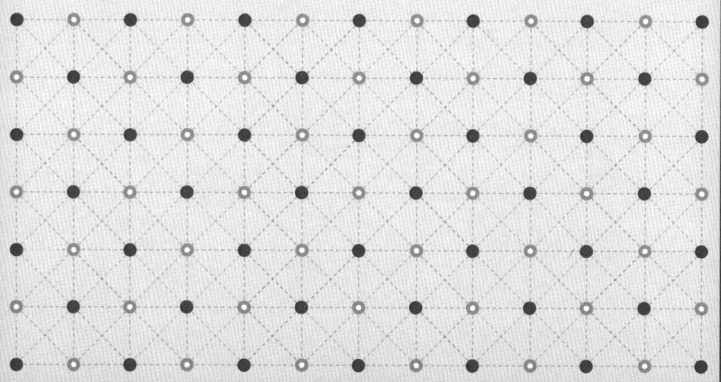

Integrated
Marketing
Communication
TO
Integrated
Brand
Communication

01. 새로운
성공 경영방식의 출현

요즘 경영의 트렌드를 살펴보기 위해 1부에서는 몇몇 성공사례와, 비슷한 맥락의 실패사례를 살펴보았다. 사실 이러한 사례들이 최근 들어 갑자기 나타난 새로운 것이라고 할 수는 없다.

그 대표적인 사례가 바디샵^{Bodyshop}이다. 바디샵은 환경보호에 앞장서는 기업으로 포지션 되어 있지만 경영방식 차원에서 본다면 새로운 경영 패러다임의 전형적인 예라고도 볼 수 있다.

바디샵은 '순수 자연주의, 인권, 공존, 환경보호' 라는 철학을 오래 전부터 모든 경영활동에 그대로 투영시켜 나아가고 있다. 제품을 개발할 때에도 동물실험을 하지 않으며, 환경에 안 좋은 영향을 주는 제품 포장을 만들지 않는다. 바디샵의 녹색 매장에 들어가 본 사람은 모두가 느끼겠지만 여타 화려한 화장품 매장과 달리 요란함과 화려함을 피하고 있다. 파스칼 톤의 자연스러움과 깨끗함, 단정함이 느껴질 뿐이다. 매장 내에 제품관련 POP광고 역시 존재하긴 하지만 더욱 눈에 띄는 것은 이들이 주장하는 공존과 인권, 그리고 환경에 대한 캠페인들이 대부분이다. 이러한 캠페인들은 고객이 바디샵의 정체성을 다시 한번 체험하고 느낄 수 있도록 해준다.

바디샵은 오래 전부터 환경경영에 초점을 맞추어 모든 경영활동을 집행하며, 그 활동을 광고와 매장, 제품 그리고 고객이 접할 수 있는 모든 접점을 통하여 커뮤니케이션하고 있다. 이러한 면들이 바디샵을 세계에서 가장 존경 받는 기업 중의 하나로 만들었다.

바디샵을 포함해 앞서 언급한 우수기업들의 공통적인 특징은 무엇일까? 이를 간단하게 정리하면 TV광고와 같은 마케팅 커뮤니케이션 활동은 물론, 제품과 유통 등의 마케팅 차원의 활동, 그리고 종업원들의 서비스, 기업차원의 사회적 활동과 채용활동에 이르기까지 모두가 기업이 표방하는 어떠한 철학과 상당히 일관성 있는 행동들을 보여 주고 있다는 것이다. 한마디로 기업경영의 전반에 걸친 모든 활동에 있어서 일관된 행동을 보여줌으로써 각자 그 분야에서 사랑 받는 브랜드로 자리 잡고 있다는 것이다.

모든 일에 일관된 행동을 보이는 경영활동을 새롭게 조명해봐야 하는 까닭은 무엇일까? 이 의문에 대한 답은 매우 명쾌하다.

지금까지는 이러한 경영을 하는 기업들도 성공을 했지만 대다수의 그렇지 않은 기업들도 성공을 할 수 있었던 시대였다. 꼭 이런 경영패러다임을 가지고 그것을 실행해야만 성공을 보장하던 시대는 아니었다. 품질 좋은 제품, 엄청난 양의 TV광고 등을 통한 브랜드 인지도, 그리고 소비자 마음속에 첫 번째 브랜드로 인식되기 등의 전형적인 인지 마케팅Top of Mind을 통해서도 시장에서 성공할 수 있었고, 성공을 유지해 나갈 수 있었다.

그러나 앞으로는 이러한 경영을 하지 않고서는 성공이 아니라 생존 자체가 힘들어질 수 있는 시대다. 지금까지 주목 받았던 경영학과는 뭔가 다른, 아직 뭐라 정의하기 어려운 이 경영활동에 대해서 우리는 다시금 조명을 하고 그 정체를 정확히 밝힘으로써 향후 환경에서 생존 할 수 있는 경영 패러다임을 새롭게 정의해야 할 필요가 있다.

왜 이러한 경영을 하지 않으면 생존 할 수 없는 시대가 왔다는 것인가 하는 이유와 근거는 다음 장에서 자세히 알아보도록 하고, 일단 이러한 경영활동을 왜 새로운 패러다임으로 보아야 하는지 그 이유부터 살펴 보도록 하겠다. 그 접근 방법은 우선 다섯 가지 경영사례를 기존 경영이론으로 설명해보고, 기존의 이론으로 설명할 수 없는 부분이 무엇인지 확인하는 형태로 진행할 것이다. 이를 통해 새로운 경영 패러다임의 정리가 왜 필요한지 따져보도록 하자.

브랜드 경영 이론의 한계

앞서 살펴본 현대카드 등의 사례들을 설명할 기존 경영이론들을 떠올려 보자. 가장 먼저 생각해 볼 수 있는 것은 '브랜드 경영'이라고 할 수 있다.

현대카드의 '혁신', 페디그리의 '개에 대한 사랑', e편한세상의 '진심 어린 아파트'는 모두 브랜드의 독특하고 매력적인 가치를 중심으로 경영활동을 펼침으로 인해 고객에게 강력한 브랜드가 되었다는 면에서 브랜드 관리의 효과를 잘 보여준 사례라고 말할 수 있다. 그러나 자세히 보면 우리가 알고 있는 여타의 브랜드 관리 사례와는 약간의 차이가 있음을 알 수 있다.

가장 대표적인 예로 브랜드 가치의 넘버원이라고 할 수 있는 코크 Coke라는 브랜드를 예로 들어 보자. 브랜드 가치 전문평가회사인 인터브랜드 Interbrand의 브랜드 가치 순위에 매년 Top 순위(2011년 브랜드 가치 1위)에 위치하는 브랜드로, 브랜드 자산관리와 브랜드 경영 분야에서 빼놓을 수 없는 대표적인 브랜드다. 코크의 경우 누가 봐도 명실공히 세계적인 브랜드 가치를 가지고 있다.

하지만 최근 들어 점차 과거만큼의 지위는 아니라는 느낌이 들어 어떻게 보면 실제보다 좀 과장되어 있다는 생각도 든다. 우리가 예전만큼 콜라를 먹지 않으며, 왠지 자꾸 멀어지는 듯한 느낌이 들기 때문이다. 어쨌든 코크는 아직까지 명실상부한 세계 최고의 브랜드 라고 한다. 하지만 내가 보는 관점에서 코크는 브랜드 관리측면에서 아쉬움을 느끼게 한다. 코크의 브랜드 관리는 철저하게 제품에 맞추어져 있는 것으로 보여진다. 제품의 질과 맛의 일관성 유지, 그리고 코크를 마시는 순간의 기쁨과 가치에 초점이 맞추어져 있다. 한마디로 고객과 코크의 관계는 제품과 제품의 효능을 중심으로 이루어진 관계라는 것이다. 제품을 제외하면 코크와 나를 연결할 수 있는 관계에 대해 생각나는 것이 별로 없다. 사실 대부분의 브랜드들이 이와 흡사하다.

보이지 않는 자산인 브랜드 관리에 중점을 둔다고 말들은 하지만 관리의 중심은 언제나 제품과 제품의 편익, 더 나아간다면 소비자의 음용 상황과 가치 정도에 초점이 가 있으며 이러한 브랜드 관리 형태는 매우 당연하게 받아 들여지고 있다. 바로 이러한 부분이 지금까지 언급한 현대카드 등의 사례와 가장 큰 차이다.

현대카드나 페디그리 같은 사례는 브랜드 경영의 적용 대상과 전략의 관점이라는 면에서 기존 브랜드 경영과 차이를 보이고 있다.

첫째 이들 사례에서의 적용 대상에서는 제품과 서비스를 넘어 전사적 경영행동 차원에까지 확대되어 있다. 브랜드 경영을 하되 제품중심의 일반적 브랜드 경영과는 차원이 다른 전사적인 경영 행동을 모두 포함하는 브랜드 경영 패러다임으로 볼 수 있다. 과연 우리기업의 행동에 대해 어디서부터 어디까지를 브랜드로 정의하는가 하는 것과 연관이 있다.

둘째 브랜드 관점이라는 차원인데, 관점에는 인사이드 아웃 방식과 아웃사이드 인 방식이 있다고 소개한 바 있다. 내 입장에서 고객을 바라보고 판단하는 것이 인사이드 아웃이라고 하면 고객 입장에서 나를 판단하는 방식이 아웃사이드 인 방식이다. 기존에는 내 입장에서 고객을 판단했다. 설문서를 활용하는 기획된 정량조사나 고객을 한 장소에 모아놓고 진행하는 그룹 인터뷰 등의 전통적인 마케팅 리서치 방식이 바로 인사이드 아웃 방식이다. 반대로 콜센터에 올라온 고객의 목소리와 SNS^{Social Network Service}나 블로그에 쓰여진 고객의 자발적 목소리에 귀를 기울이는 것이 아웃사이드 인 방식이다. 커뮤니케이션에 있어서도 고객의 길목을 잡아서 우리 광고를 노출 하자는 방식은 철저한 인사이드 아웃 방식이다.

현대카드의 경우 슈퍼 매치에서 일체의 제품 광고를 노출 시키지 않는다. 이만큼 좋은 구경거리를 제공했으니 내 광고를 보아달라는 식의 접근을 하지 않는다. 페디그리는 모든 경쟁사가 말하는 방식인 내 개가 무럭무럭 자라며 건강해진다는 소구를 하지 않는다. "어떤 개 먹이가 제일 좋은가?"를 물어보면 고객은 값싸고 영양가 있고 똥 조금 싸고 개가 잘 먹는 먹이를 말한다. 이것이 전통적인 마케팅 리서치에서 나온 결과를 활용한 인사이드 아웃 방식이다. 그러나 진정으로 애견가들이 원하는 것은 이것이 아니다. 애견가들이 진정으로 원하는 것은 내 개가 슈퍼독Super Dog이 되는 것이 아니라 개에 대한 진정한 사랑을 나누고 싶다는 것이었고 개에 대해서 진정한 사랑을 가진 사람들과 개에 대해서 대화하고 싶은 욕구였다. 어떤 먹이가 좋은가 라는 전통적인 리서치 질문으로는 절대 나올 수 없는 답이다. 진정으로 고객을 이해하려는 마음으로 고객을 바라보고 고객 입장에 서지 않으면 알 수 없는 것이다. 페디그리가 직원들에게 애견을 데리고 출근하도록 만든 것은 애견가들의 마음을 진정으로 이해하려는 시도이기도 하지만 진정으로 애견가들과 공감하기 위한 브랜드 행동인 것이다. 이것이 바로 아웃사이드 인 접근 방식이다.

다음은 브랜드 경영 패러다임과 같은 맥락으로 볼 수 있지만 또 다른 차원을 가지고 있는 관계 마케팅 패러다임을 보도록 하자.

관계 마케팅 이론의 한계

페디그리는 개를 사랑하는 고객과의 유대감 형성을 위해 개를 데리고 근무하며, 개와 함께 놀아주고, 자신의 애완견과의 추억을 만들어 갈 수 있는 행사를 마련하고 지원하며, 애완견을 키우는 고객과 함께 호흡하고 대화하며 그들과의 진정한 소통을 하고자 한다.

고객과 돈독한 관계를 지속적으로 유지하고 있다는 차원에서 본다면 이들 사례는 고객 관계 마케팅 개념도 포함되어 있다고 할 수 있다. 그러나 관계 마케팅과도 차이가 있다.

가장 큰 차이는 관계 맺기의 대상이다. 일반적인 관계 마케팅의 타깃은 고객과 잠재고객이다. 하지만 페디그리 사례 속의 관계 맺기 대상은 고객을 넘어 사회 전체와의 관계에 초점을 맞추고 있다. 관계 맺기의 대상이 고객과 이해관계자는 물론 일반 대중 모두에 해당 된다는 측면에서 볼 때 이를 관계 마케팅 만으로 설명하기는 어렵다.

또 한가지 차이는 관계 마케팅에서 중요하게 여기는 관계는 수익성 있는 관계의 창출이다. 그래서 사실 관계 마케팅의 핵심은 고객 행동 데이터를 중심으로 한 데이터베이스 마케팅, 즉 CRM 마케팅이라고 할 수 있다. 이는 한마디로 고객의 욕구와 행태에 따라 고객을 세분화 하여 이들과 커뮤니케이션 하고, 이들과의 관계를 돈독히 하며 이들에게 최적의 제품을 제공하여 매출을 올리고자 하는 거래 마케팅의 진화된 형태라고 할 수 있다.

물론 관계 마케팅이 거래 창출에서 관계 창출로 무게중심이 조금 이동되었지만, 여전히 그 전제는 수익성 있는 관계의 창출을 전제로 하고 있기에, '사회전체와의 바람직한 관계 맺기를 통한 이상적인 사회를 리드하는 존재로서의 브랜드가 되어야 한다.' 는 새로운 경영과는 차이가 있다고 할 수 있다

관계 마케팅으로서는 설명할 수 없는 패러다임에 대해 마지막으로 적용해볼 수 있는 기존 경영이론은 통합마케팅 커뮤니케이션^{IMC:} Integrated Marketing Communication 이라는 개념이다.

통합 마케팅 커뮤니케이션 이론의 한계

앞에서 언급한 기업들의 경영활동에서 가장 두드러진 특징은 원 보이스, 원 룩^{one voice, one look} 이다. 커뮤니케이션이 하나의 목소리를 내고 하나의 이미지로 보여져야 한다는 이 개념은 IMC의 가장 기본적이고 고유한 특성이다.

그러나 자세히 들여다보면 IMC와도 차이가 있다. IMC는 마케팅의 효율을 높인다는 차원에서 단일한 메시지를 다양한 마케팅 채널의 특성을 살려 커뮤니케이션을 실행함으로써, 커뮤니케이션 도구의 통합에 의한 시너지라는 부가가치를 목표로 하는 마케팅 차원의 전략이다.

그러나 앞의 사례들을 보면 통합의 범위가 마케팅 전략 차원을 넘어 경영전략까지 포함하고 있으며, 커뮤니케이션 타깃 역시 마케팅 차원의 고객 및 잠재고객을 넘어 일반 대중과 기업의 이해관계자(주주, 종업원, 협력사, 미디어, 대중 등)까지를 포함하고 있어 IMC 요소를 많이 포함하고는 있지만 그렇다고 IMC라 정의하기에는 다소 무리가 있다.

현대카드나 페디그리, e편한세상의 사례는 수평적으로는 마케팅, 인사, 재무, 구매물류 및 홍보 등의 각 기능전략이 일관성을 보이고 있으며, 수직적으로는 CEO의 행동, M&A, 사회 문화적 활동 등의 기업전략이라는 차원부터 광고 이벤트 같은 실행전략에 이르기까지 브랜드 행동과 커뮤니케이션의 일관성을 보여주고 있다. 이는 다시 말해 지금까지 기업이 가지고 있던 전통적인 커뮤니케이션 관리라고 할 수 있는 프로모션 믹스^{Promotion Mix} 라는 범위에서의 의도적 커뮤니케이션 관리의 수준을 벗어나, 모든 비즈니스 행동은 의도하던 의도하지 않던 간에 커뮤니케이션 효과를 가진다는 전제하에 의도하지 않은 커뮤니케이션 효과까지도 관리 한다는 것이다.

지금까지 앞선 5가지 형태의 기업들의 경영전략이 마케팅 차원의 IMC전략, 홍보전략, 브랜드 관리전략, 관계 마케팅전략 측면에서 각각 어느 정도는 설명이 가능하나 그 어느 하나의 이론 만으로는 완벽하게 정의하고 그 메커니즘을 설명할 수 없다는 것을 보았다. 결국 이를 정확히 설명하고 정의 내리기 위해서는 위에서 언급된 경영이론들을 통합하여 각각의 이론들이 설명할 수 없는 부분을 보완하고 새로운 개념을 추가함으로써 새로운 패러다임을 정의하고 그 요소를 정확하게 파악해 보는 것이 필요하다.

광고 이벤트 프로모션 등의 마케팅 커뮤니케이션 같은 실행 수준의 전략부터 기업차원의 최고 전략 차원까지 일관된 전략 하에 일사 분란하게 움직이는 이러한 경영활동 현상을 어떻게 정의할 수 있을까? 또한 그것을 가능하게 하는 원리에 대해서는 어떻게 설명해야 할까?

사실 학계에서도 이와 같은 현상을 인식하면서 각각의 이론들은 시간이 지남에 따라 서로의 이론들을 도입하여 그 정의를 확대 생산해 나아가고 있는데, 지금까지는 IMC를 중심으로 한 통합적 접근이 가장 활발하게 이루어지고 있다.

90년대 초부터 꾸준히 진행된 IMC 이론의 발달과정을 살펴보자. 원 보이스, 원 룩을 강조한 초기 IMC 정의는 계속해서 진화하고 있는데, IMC의 대표적인 학자인 슐츠Don E. Schultz는 '고객 관계 형성과 전략적 비즈니스 프로세스라는 경영개념'까지 IMC 개념으로 포함해 정의하였으며, 던칸Tom Duncan은 '고객 및 이해관계자와의 관계형성과 강력한 브랜드 구축' 등의 개념을 강조함으로써 가장 중요한 관계형성과 그 대상 그리고 브랜드전략 까지도 IMC의 일환으로 포함시키고 있다.

그러나 현실적으로 IMC가 독자적으로 모든 것을 포함하여 진화하기에는 태생적 한계를 가지고 있다. 이것은 IMC를 실제로 실행하는 실행자의 인식에서 매우 잘 나타나고 있는데, 한마디로 IMC에 대한 정의가 실무자 마다 다르다는 것이다. 실무자들의 다양한 인식을 정리하면 IMC는 마케팅 커뮤니케이션 차원에서의 도구의 통합 또는 다양한 도구를 사용한다는 개념 정도로 받아들여 지고 있다. 또는 TV 광고를 하기 어려운 기업에서 집행하는 여러 마케팅 커뮤니케이션 방법으로 이해하는 실무자들도 많이 있다.

이론과 실제가 서로 다은 이유는, IMC 자체가 이론적으로도 합의된 정의가 없이 현실에 따라 지속적으로 그 정의가 바꿔어져 가고 있기 때문이기도 하며, 마케팅, 더 정확히 말하면 마케팅 커뮤니케이션을 중심에 놓고 출발한 개념이기에 실무자들은 그것을 마케팅 커뮤니케이션 안에서만 볼 뿐 그 개념을 확장하여 생각하지 못하고 있다.

더 중요한 것은 IMC 이론 자체도 아직까지 그 통합 기준에 대한 명확한 이론을 제시하지 못하고 있다는 것이다. IMC가 경영 전체의 전략 프레임으로 확장 되기 위해서는 수평적 기능과 수직적 전략차원을 포괄하여 일관성을 확보할 수 있는 통합 기능 관리 Cross Level & Cross functional Management가 필요한데, 이는 마케팅 기능을 초월하는 전략집행 권한과 책임이 요구된다.

따라서 IMC의 개념을 확대시키기 위해서는 두 가지 문제에 대해 고민해봐야 한다. 첫째는 무엇 what 을 중심으로 통합할 것인가 하는

	기존 이론	설명되지 않는 것들
브랜드 경영	브랜드에 대해 제품, 서비스, 마케팅 중심으로 설명	CEO 및 기업차원의 전략적 행동과 브랜드의 관계
관계 마케팅	고객 및 잠재고객과의 관계 CRM 및 데이터베이스에 근거한 고객관리를 통한 수익성 있는 고객 관계의 창출	구성원, 주주, 협력사 및 사회와의 관계 사회 전반에 걸친 우호 관계와 사회를 이끌어갈수 있는 관계창출
통합 마케팅 커뮤니케이션	커뮤니케이션의 구현을 위해 미디어/프로모션 믹스Mix에 집중	고객을 넘어 이해관계자와 일반공중에 대한 커뮤니케이션, 의도하지 않은 비즈니스의 모든 행동에 대한 커뮤니케이션 효과 관리

_____ 기존 이론들과의 차이

통합 기준에 대한 문제이며, 둘째는 누가who 이를 수행하는가 하는 컨트롤 타워Control Tower의 문제이다. 이론적이면서도 실행을 위해 꼭 해결해야 하는 문제들이다.

이제 새로운 패러다임이 필요하다.

현대카드나 페디그리, SK와이번스, 바디샵 등은 마케팅이 아니라 경영전략 차원에서 통합이 매우 원활하게 실행되었다. 이러한 회사들의 특징은 모든 구성원이 거부할 수 없이 따라야 하는 분명한 명분과 일관된 전략이 있었다는 것이다. 이는 또 최고경영자가 흔들리지 않고 일관되게 추진할 수 있었던 힘의 원천이기도 하다. 그 시작이 바로 브랜드 중심의 경영이었다.

여기서 중요한 점은 브랜드가 마케팅처럼 회사의 여러 기능 중 하나가 아닌 기업내의 모든 활동을 포괄하는 CEO같은 관점으로 보고 있다는 것이다. 이 의미는 조직내의 모든 내부 구성원은 제품을 만들든, 유통에 관련하든, 인사나 홍보를 책임지든, 재무를 담당하든 무엇을 하든 간에 모두 브랜드라는 이름 아래 놓여있으며 이를 거부할 수 없다는 것이다. 특히 파워브랜드의 경우 브랜드가 추구하는 분명하고도 차별적이며 가치 있는 방향성을 가지고 있다.

브랜드 중심의 경영활동은 IMC의 주체에 대한 중심을 잡아줄 수 있는 동시에 조직내의 모든 기능을 하나로 만들 수 있는 고리 역할을 충실히 할 수 있다. 또한 앞에서 언급한 IMC의 독자적 발전을 저해하는 두 가지 문제를 해결 해 줄 수 있는 경영도구이기도 하다.

이제 기업에 필요한 통합적 사고는 브랜드를 중심으로 IMC, 관계 마케팅, 경영전략을 통합하는 경영 사고이며, 이로 인해 탄생한 새로운 개념이 전사적인 통합 커뮤니케이션이다. 그렇다면 이제 이러한 전사적 통합 커뮤니케이션 경영활동이 왜 앞으로 반드시 필요한 패러다임인지, 왜 회사의 최고경영자들이 이러한 경영을 실천하고 다양한 부서의 조직원들의 관점을 한 방향으로 맞추는 경영활동을 해야 하는지에 대해 알아보도록 하자.

02. 새로운 패러다임을 요구하는 경영 환경의 변화

PR 즉 대중관계 전략이란 무엇입니까?

답: '피'할 것은 피하고 '알'릴 것은 알린다는 전략입니다.

내 기억엔 이 답만큼 PR을 쉽게 정의한 말은 없는 것 같다. 이 정의는 PR 의 '피'와 '알'의 음을 이용한 약간은 장난스러운 정의라고할 수 있지만 그 어떤 정의보다도 기업의 대중관계를 위한 커뮤니케이션 핵심을 정확하게 표현한 정의라고 보여진다.

이 정의에는 매우 중요한 가정이 숨어 있다. 기업은 대중관계에우호적일 수 있는 정보는 적극적으로 커뮤니케이션 할 수 있고, 비우호적일 수 있는 정보는 언제든지 차단 또는 관리할 수 있다는 기업의 '정보 통제능력 보유'에 대한 가정이다. 이러한 가정은 20세기 말까지는 타당한 가정이었다. 그러나 2000년 초반 이후에는 자본과 권력을 가진 초(超) 대기업이라 할지라도 더 이상 정보통제 능력을 발휘 할 수 없는 시대가 되었으며, 앞으로도 이러한 현상은 더욱 심화될 것이다.

그 이유는 모두가 알다시피 인터넷과 Web 2.0 그리고 모발일 정보기기를 통해 나타난 SNS라는 개인 미디어의 탄생 때문이다. SNS는 정보를 수신하는 청중이 더 이상 정보를 일방적으로 수신하는 수신자가 아니라, 정보를 재해석하고 새로운 정보를 부가하여 송신하는 정보창조 및 전달자로서의 미디어가 된다는 것을 의미한다. 즉이 시대의 청중은 미디어Media의 역할과 청중Audience의 역할을 동시에 수행하는 미디언스Mediance라고 할 수 있다. (이 단어는 개인적으로 만든 조어임을 밝힌다)

미디언스 시대의 도래

우리 나라는 이미 미디언스 시대에 돌입했다. 블로그, 트위터, 페이스북 같은 SNS 사용자가 이미 500만을 넘어섰다. 그러나 이 숫자보다 더 중요한 것은 SNS를 사용하는 사람들이 어떠한 성향의 사람들인가 이다.

미국의 어느 조사결과(MRI 2010. 6)에 따르면 SNS 사용자들은 어떠한 사건에 대해 자신의 의견을 블로그나 유튜브 등에 올려 전파하려는 실행력이 일반인 대비 다섯 배에 이른다고 한다. 한마디로 '앞장서려는 성향 또는 실행력이 일반인보다 다섯 배가 더 높은 사람들'이라는 것이다.

이 의미는 몇 %의 국민이 SNS를 활용하게 되었느냐가 중요한 것이 아니라 현실 참여와 의견 주도 능력이라는 측면에서 매우 중요한 사람들이 나타났다는 것이다. 우리나라 SNS 사용자의 절반만 적극적인 사용자라 보더라도, 적극적인 정보 창출자 및 여론 선도자가 200만이 넘는다는 것이다. 실로 대단한 숫자이다. 언론으로 치자면 방송국 또는 신문사가 200만이 넘는다는 것이다. 과연 어느 기업의 홍보실이 과거처럼 이들을 통제할 수 있을 것인가?

또 한가지 중요한 특징이 있다. 이들은 공인으로서의 미디어가 아니라 개인으로서의 사적인 미디어라는 것이다. 그들은 객관적 정보를 내보내는 것이 아니라 감성과 태도 또는 과장이 섞인 드라마로 정보를 실어 나를 수 있을 가능성이 높다. 말은 돌면 돌수록 변질되고 커지며 과장 된다. 또한 이러한 SNS는 우물가 효과 Water Cooling Effect 에 의해서 사람들의 관심을 집중시키고 이것이 다시 전통적 매스미디어로 연결되어 한 기업의 힘으로는 도저히 통제할 수 없는 여론 형성 능력을 갖게 된다. 영국의 경우 얼마 전 벌어진 폭동도 SNS가 주

	오디언스 시대	미디언스 시대
정의	일방적으로 메시지를 수용함	메시지를 재해석, 재생산하여 다른 사람에게 전하는 미디어 능력 겸비
커뮤니케이션 형태	원웨이 커뮤니케이션 선별적 피드백	투웨이 커뮤니케이션 오디언스 수만큼 미디어 존재
통제 가능 여부	기업이 의도한 대로 커뮤니케이션하며 사후적으로도 통제 가능	의도하지 않은 커뮤니케이션이 많아지고 통제할 수 없음

_____ 오디언스와 미디언스의 차이

도한 것이며, 매스미디어를 활용하지 않고 순수하게 SNS만을 활용함으로써 음원 차트 1위를 한 노래도 나타났다. 우리나라도 촛불 집회를 비롯해, 나는 가수다 방송 프로그램에 대한 집단 항의와 부정적 여론 형성, 슈퍼스타K와 같은 공개오디션 프로그램에서의 우승자 투표 등 여러 방면으로 나타나고 있다. 모든 면에서 SNS는 기존의 수단으로는 통제 불가능한 정보 통로이며 여론 형성도구로 자리 매김하고 있다. 이제 기업은 더 이상 정보를 통제 할 수 없으며, 앞으로도 이런 현상은 더욱 심화될 것이다.

IMC를 비롯한 기존의 경영과 커뮤니케이션 전략은 기업이 언제든지 정보를 통제 할 수 있다는 시기에 나온 전략이다. 앞서 말했듯이 기업의 모든 행위는 어떠한 형태로든 그 자체의 커뮤니케이션 효과가 있다. 그것이 CEO이든, 통합 같은 기업전략이든, 협력업체와 관련된 행동이든, 내부종업원과 관련된 행위이든 간에 모든 비즈니스와 연관된 대내외 행동은 커뮤니케이션 효과를 가지며, 이 모든 것들은 하나의 브랜드라는 박스 안에 저장되어 대중들의 머리 속에 각인된다. 따라서 기업이 정보 통제권을 가지지 못하는 시기에는 모든 행동의 커뮤니케이션 효과를 사전에 통제, 관리해야 해야 한다.

이는 곧 정보의 통합적 관리는 마케팅 차원에 그치는 것이 아니라 전사적인 차원에서 관리 되어야 함을 의미한다. 이것이 SNS 시대의 브랜드 관리이자 기업의 명성관리이며 고객관계 관리의 출발이다.

인격을 가진 브랜드의 시대

코틀러의 마켓 진화론에 따르면 마켓 1기는 제품에 초점을 맞추는 품질 지향적인 시기였고, 2기는 고객의 욕구 충족과 고객 만족에 초점을 맞추는 시기라고 한다. 최근에 발표한 3기, 즉 마켓 3.0 시대는 구매고객 및 잠재고객의 욕구를 충족시키는 차원을 넘어 더 좋은 사회를 만들기 위해 노력하는 기업, 이를 통해 고객이 아닌 전 사회적으로 존경 받는 기업이 되어야 하는 시대로 정의 하고 있다. 아울러 현재 대부분의 기업은 마켓 2.0 시대에 머물러 있다고 했다.

마켓 2.0에 머물러 있는 기업들의 관심은 자사의 제품이나 서비스를 구입하는 고객에게 최우선적이다. 이러한 상황에서 기업의, 특히 마케팅 측면에서의 커뮤니케이션 전략의 초점은 시장 세분화, 표적 시장 설정 그리고 포지셔닝이라는 STP Segmentation, Targeting, Positioning 전략에 맞춰져 있다. 가장 가능성 있는 구매 고객 집단에 초점을 맞추어 그들이 가장 열망하는 혜택에 집중하는 포지셔닝 전략을 통해 마케팅 4P Product, Price, Place, Promotion 와 마케팅 커뮤니케이션 전략을 펼치는 것이다.

그러나 마켓 3.0 시대에서 커뮤니케이션 전략은 두 가지 측면에서 달라져야 한다.

첫째는 타깃 자체가 달라져야 한다. 마켓 3.0에서 가장 중요한 것은 '좋은 사회를 만들어가는 가치의 제공'이다. 커뮤니케이션 타깃 또한 더 이상 고객에 한정될 수 없다. 자사의 제품이나 서비스를 구입하는 고객은 물론, 원료의 공급업체나 협력 업체, 유통점주, 내부 구성원과 주주 등 직간접적 이해 관계자들과 일반 대중에게도 동등한 관심을 가져야 하며 이들과 모두 긴밀한 관계를 맺어야 한다. 사실 고객과 이해관계자 그리고 대중은 별도의 존재가 아니라 모두가 상황에 따라 고객이 되기도 하고 이해관계자가 되기도 하고 대중이 되기도 한다. 이들은 결국 하나의 집단이다. 단지 상황에 따라 다른 이해관계 속에서 기업과 관계를 맺고 커뮤니케이션을 하게 되는

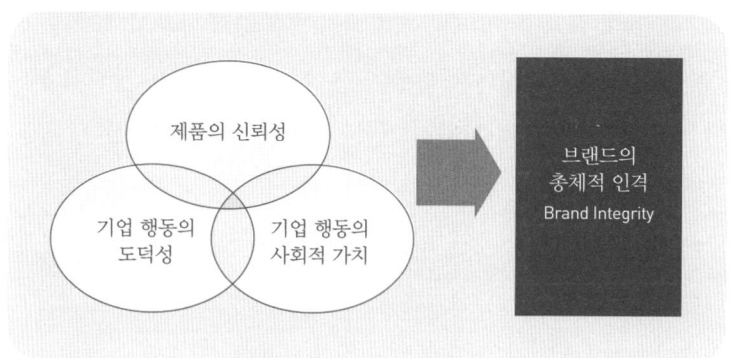

_____ 브랜드 인테그러티

데 결국 이 모든 것들이 종합되어 그 기업에 대한 이미지가 만들어지고, 총체적 경험으로 축적되며, 이것이 장기적인 관계를 맺으면서 기업의 성패를 좌우하게 된다.

둘째는 포지셔닝 측면인데, 더 이상 고객편익에 한정되는 것이 아니라 더 좋은 사회를 이룩하는 가치체계로 확대 전달되어야 한다는 것이다. 즉 제품이 가지고 있는 차별화된 혜택, 장점만으로는 더 이상 고객의 마음을 잡을 수 없으며, 제품의 혜택이 하나의 가치관으로 정의되어 기업의 모든 행동에서 이해관계자와 대중들에게 일관되게 전달되고 공유되어야 한다는 것이다. 이를 통해 기업과 브랜드가 사회적으로 인정 받고 신뢰를 얻으면, 코틀러가 말하는 마켓 3.0 시대의 최우선적 가치인 브랜드 인테그러티(Brand Integrity: 진정성과 신뢰성이라는 훌륭한 인격을 가진 브랜드)를 갖게 된다.

정보민주주의 시대라고 할 수 있는 오늘날은 정보의 장벽이 무너져 경제학에서 가정하는 완전 경쟁 시장에 한결 가까워 졌다. 제품, 브랜드, 기업에 대한 총체적 경험의 전이가 더욱 더 빠르게 소통됨으로 인해 소비자, 이해관계자, 대중이라는 구분 자체도 사실은 의미가 없어져 간다. 따라서 기업은 이들 모두와 좋은 관계를 구축해야 하며, 이를 위해 모든 행동에 있어서도 진정성과 신뢰성을 보여주어야 한다. 이것이 바로 브랜드 인테그러티 관리이다.

브랜드 인테그러티를 높이기 위해서는 결국 모든 접촉에서의 커뮤니케이션 컨텐츠를 사전에 전략적으로 관리해야 한다. 기업의 커뮤니케이션 관리가 마케팅이나 마케팅 커뮤니케이션 차원에서 관리 되어야 하는 것이 아니라 기업 전략 차원에서 포괄적으로 다루어져야 한다는 의미이다.

하나의 브랜드로 인식되고 기억되는 메커니즘

현재를 포함한 앞으로의 시대는 미디언스의 시대이며, 이로 인해 기업은 제품뿐만 아니라 기업의 모든 행동에 대하여 사회에서 바람직하게 여기는 가치를 제공해야 하는 소위 마켓 3.0의 시대에 접어들었다.

여기서 중요한 것은 사회로 흘러간 기업의 모든 행동이 하나로 귀결된다는 것이다. 메시지가 수용 되고 해석되고 이해되며 어디에서 저장되고 평가되어 궁극적으로 그 기업에 대한 태도로 연결 되는가? 바로 브랜드이다.

의도하든 의도하지 않든 기업이 발신하는 모든 메시지는 그 기업과 관련된 대표 브랜드를 통해 메시지가 해석되고 이해되고 저장된다. 이렇게 대표 브랜드 박스에 누적된 기억은 그 기업에 대한 총체적 경험으로 축적되어 이미지를 만들고 태도로 나타난다. 기업의 행위 하나하나가 별도로 보여지고 별도의 기억 속에 저장되고 평가 되는 것이 아니라, 서로 연결되어 브랜드라는 디렉터리 안에 하나로 통합된다는 것이다.

광고나 프로모션 이벤트 등의 마케팅 커뮤니케이션 차원은 물론, 제품이나 서비스의 질, 가격정책, 판매되는 매장의 종류, 또는 그 제품을 파는 영업사원의 말투와 태도 등의 마케팅 차원, 협력업체에 대한 대우방식, 언론에 비춰지는 CEO, 사업 다각화의 모습, 주식시장에서의 소문과 주가 변동, 홈페이지 방문 경험, 기업이 행하는 사회적 활동 등 모든 메시지가 하나의 브랜드로 통합되며, 상품의 구매든, 주식의 매입이든 의사결정을 필요로 할 때 평가 기준으로 활용된다.

그런데 한 기업에 여러 브랜드가 있을 수 있는데 왜 모든 것들이 하나의 브랜드로 수신되어 처리된다는 것일까? 이 질문에 답을 하기 위해서는 브랜드의 지식체계Brand knowledge schema에 대한 이해가 필요하다.

소비자들의 브랜드에 대한 정보의 기억은 마치 네트워크처럼 연결되어 있다. 어떠한 정보가 들어 왔을 때 그것에 대한 처리는 기존의 기억구조 내에서 그 정보와 가장 유사한 기존의 기억 개념Node 에서 처리하게 되는데, 만약 이것이 여러 가지가 있으면 동시에 이 개념들이 활성화 되어 새로운 기억을 처리하게 된다. 물론 이러한 유사한 개념들은 서로가 연결Link 되어 있고, 새로운 정보 또한 그물망처럼 상호 연결 된다. 이것을 브랜드 관점에서 본다면 브랜드 지식 그물망이 된다. 한 기업 내에 브랜드가 다양할지라도 그 브랜드는 소비자 머리 속에서 보면 매우 유사성이 높은 지식덩어리로 하나의 계보에 그물망처럼 연결되어 있기 때문에, 특정한 브랜드의 행동은 비단 그 브랜드의 기억에만 영향을 미치는 것이 아니라 연관된 다른 브랜드에도 동시에 영향을 미칠 수밖에 없다. 결국 기업의 모든 행위는 그 기업에서 가장 중요한 하나의 브랜드 즉 대표 브랜드에서 정보가 처리되고 축적되며 그 브랜드에 영향을 미친다. 이는 삼성이라는 그룹브랜드가 하는 일이 삼성전자에도 영향을 미치고 하우젠에도 영향을 미치고 파브에도 영향을 미치는 원리와 같다.

미디언스 시대에서는 기업이 정보를 통제할 수도 없으며, 모든 행위를 통해 커뮤니케이션을 하게 되고, 이는 브랜드에 영향을 미치며, 이를 잘 관리할 경우 브랜드 인테그러티가 만들어진다.

브랜드 커뮤니케이션에 대한 필요성을 먼저 인지하고 실행한 우량 기업도 있고, 그렇지 않았던 기업도 있다. 하지만 지금, 미디언스 시대에는 생존을 위해서라도 꼭 알아야 하는 패러다임이 되었다. 우리는 이러한 패러다임을 보다 정교하게 파악하고 시대적 흐름에 맞게 적용시켜 나아가야 할 것이다.

03. 통합 브랜드
커뮤니케이션 경영

    지금까지 경영환경의 최대 변수로 등장한 미디언스의 특성과 더불어 이들이 요구하는 새로운 패러다임이 브랜드 인테그러티라는 것을 몇 가지 사례를 통해 알아 보았다.

    이들 기업들은 기존의 기업들과는 다른 새로운 경영 방식으로 운영 되고 있는데, 그렇다면 이제 이를 일반화시켜 이들이 실행하고 있는 경영방식에 대한 정의를 내려보도록 하자.

    새로운 경영 패러다임의 핵심은 기업의 모든 비즈니스 행위가 의도하던 의도하지 않던 커뮤니케이션 효과를 가지게 되는 미디언스 시대에 맞춰 모든 활동을 커뮤니케이션 관점에서 브랜드와 아이덴터티^{Identity}, 즉 브랜드의 정체성을 중심으로 전사적인 관리를 하는 것이다. 그리고 이러한 개념을 기존의 경영 패러다임과 구분 짓기 위해 새로운 이름을 제안 하려고 한다. 새로운 패러다임의 특징인 브랜드와 커뮤니케이션 효과를 중심으로 기업의 활동이 움직인다는 점에서, 통합 브랜드 커뮤니케이션 경영(Integrated Brand Communication Management: 이하 IBC 경영) 이라고 부르도록 하겠다. 이를 영어 약자로 IBC경영이라고 하며 이에 대한 구체적 정의는 다음과 같다

IBC 경영의 정의

IBC 경영이란 고객, 내부구성원, 이해관계자 및 대중들로 하여금 브랜드 인테그러티를 경험하게 하여 기업 또는 브랜드와 호의적 관계를 맺고, 이를 유지, 발전시켜 나아가게 하기 위해, 기업의 모든 행위를 브랜드와 관련한 커뮤니케이션 관점으로 규정하고, 전사적 경영차원에서 통합적, 전략적으로 관리해 나가는 경영을 말한다.

IBC 경영에서 중요한 점은 브랜드와 관련한 커뮤니케이션 관점이란 의미인데 이는 브랜드가 추구하는 방향에 대해 모든 구성원이 동의하고 따라야 하는 사고와 행동 기준의 역할을 한다는 것을 의미한다. 또한 그 적용 범위는 미디언스 시대에 맞게 마케팅 차원이 아

닌 모든 경영활동에 적용한다는 것이다. 이는 곧 브랜드가 추구하는 개념이 기업내의 모든 활동을 포괄하는 최고경영자의 철칙이나 모든 개념을 포괄하는 가장 큰 우산 정도로 보는 것이 타당하다.

조직내의 모든 내부 구성원은 제품을 만들든, 유통에 관련하든, 인사나 홍보를 책임지든, 재무를 담당하든 무엇을 하건 간에 관계없이 모두 브랜드라는 우산 아래 놓여 있고 이를 따라야 한다. 브랜드가 추구하는 분명하고도 차별적이며 가치 있는 방향성을 지켜야 한다는 것이다.

이러한 면에서 IBC는 경영활동에 대한 중심이 됨과 동시에 조직내의 모든 기능을 하나로 일사 분란하게 만들 수 있는 고리 역할을 충실히 하는 경영 도구다.

앞으로의 기업은 고객뿐만 아니라 사회에 대해 일관된 목소리를 내고 이를 실행해야 한다. 그러기 위해서는 브랜드, IMC, 관계마케팅, 경영전략 등을 통합하여 생각해야 한다. 이 책이 제안하는 IBC 경영이 이와 비슷한 생각을 하는 기업에 많은 도움이 되길 바란다.

3부

새로운 경영 패러다임의 특성

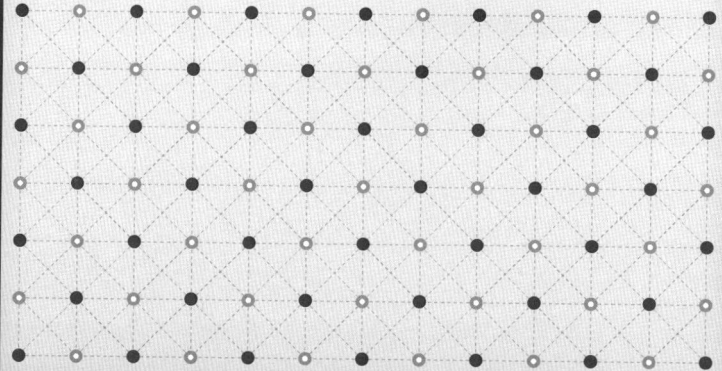

○

IBC라는 새로운 패러다임은 앞서 살펴본 것과 같이
기존의 다양한 경영 이론들이 융합되어 있는 형태이며,
과거의 이론들과 같은 맥락이라 하더라도,
세부적인 내용과 실행의 깊이라는 측면에서 조금씩 다른 모습을 보인다.
IBC라는 새로운 패러다임은 크게 세가지 특징을 가지고 있는데
첫째는 커뮤니케이션에 초점을 맞추고 있다는 것이며,
둘째는 마케팅 차원이 아닌 경영전략 차원에서의 브랜드 전략이라는 것,
마지막으로 그 어느 때보다도 감성 경영이
중요한 요인으로 부각되었다는 것이다.

01.

커뮤니케이션에 초점을 맞추는 경영

기업의 커뮤니케이션이라고 하면 기업 PR 또는 기업 광고가 가장 먼저 떠오를 것이다. 그러나 이것은 어디까지나 매우 좁은 의미의 커뮤니케이션 형태이다. 보다 넓은 의미로 기업 커뮤니케이션을 정의하자면 '기업이 하는 모든 것으로서 기업과 관련된 모든 것들로의 접촉으로 인해 의도하든 의도하지 않든 메시지와 그에 따른 의미가 전달되는 모든 것'이 된다.

TV에 나오는 기업과 관련된 제품 광고와 광고 속 모델, TV 프로그램이나 영화에서 비추어지는 제품의 모습(소위 PPL), 각종 스포츠 대회나 행사의 스폰서 같은 의도된 마케팅 커뮤니케이션 차원은 물론 제품과 서비스의 질이나 가격, 또는 어떤 장소(백화점, 전문점, 양판점 등)에서 판매 되는가 등의 유통 형태 역시 고유의 커뮤니케이션 효과를 갖는다.

또한 제품을 파는 영업사원의 말투와 태도, 심지어 기업에 전화했을 때의 접대 태도나 일 처리 방식과 같은 모든 마케팅 차원의 활동 역시 커뮤니케이션 효과를 갖는다.

더 나아가, 사람을 채용하는 방식, 협력 업체에 대한 결제 방식과 일하는 스타일, 또 그들을 대우하는 매너 그리고 언론에 비추어지는 CEO, 주가의 변동과 주식시장의 루머, 홈페이지의 모습과 관리상태 그리고 그 기업이 행하는 사회적 활동 까지도 모두가 전부 의도하던 의도하지 않던 간에 커뮤니케이션 효과를 가지게 된다.

이는 기업의 의도와 상관없이, 기업의 경영적 또는 비경영적 모든 행위가 무조건적으로 커뮤니케이션 효과를 갖게 되며, 이는 커뮤니케이션 메시지를 수용자에게 전달했다는 것을 의미한다.

사실 이러한 기업 전부문의 무조건적 커뮤니케이션 효과는 최근에 새로 생긴 것은 아니다. 기업이 존재하던 시절부터 이러한 효과는 늘 있던 것이다. 예전에는 이를 잘 활용하면 이득을 볼 수 있었지만, 못한다고 하여 문제가 되지는 않았다. 하지만 지금은 다르다. 통제가 불가능한 정보 민주화의 시대이며, 개인 미디어의 영향력이 커지면서 모든 일들이 전국민에게 생중계되는 시대가 되었기 때문이다. 속된 말로 한 방에 훅 갈 수 있는 시대다.

이로 인해 기업도 변하고 있다. 과거에는 부장급 인사가 커뮤니케이션을 담당했다면, 지금은 임원급 인사가 맡고 있다. 규모가 큰 그룹 같은 곳에서는 사장급 커뮤니케이션 총괄 담당CCO이 등장하게 되었다. 이제 커뮤니케이션 관리는 기업 경영에 있어서 사람, 기술, 자본의 3대 중점 요소와 더불어 네 번째 경영 요소가 되었다. 실제로 앞서 예로 든 현대카드, e편한세상, 페디그리는 물론이고 애플 등의 유명기업에서는 TV 광고는 물론 카드 디자인 같은 대외 커뮤니케이션 제작물의 최종 의사 결정이 CEO 수준에서 이루어지는 경우가 많다.

커뮤니케이션 관리 대상과 타깃의 변화

IBC 경영 시대에서는 전통적인 커뮤니케이션 전략과 다른 두 가지 전략적 요인의 변화를 생각해야 한다.

첫째는 커뮤니케이션의 대상이 과거와 같이 제품에 한정되는 것이 아니라 기업의 모든 비즈니스 활동과 이로 인해 발생하는 기업이 생산해 내는 모든 컨텐츠가 관리 대상이 되어야 한다는 것이다. 여기서 중요한 것은 미디언스라는 시대의 특성상 사후관리가 거의 불가능하므로 사전에 전략적으로 관리해야 한다는 것이다.

이는 기업의 모든 행위나 이로 인한 컨텐츠가 기업의 성장이나 현재의 경쟁상황을 어떻게 변화 시킬 것인가 라는 기준이 아니라, 그 이전에 그러한 기업의 행위가 타깃 청중들에게 어떻게 들릴 것인가 하는 커뮤니케이션 효과를 우선적으로 생각해야 한다는 것이다.

예를 들어 BCG 모델을 활용하는 기업이라면 시장점유율(x)과 시장성장률(y)의 두 축에, 새롭게 커뮤니케이션 효과라는 축(z)을 고려하여 의사 결정을 해야 한다는 것이다. 점유율도 높고 성장률도 높은 스타Star급의 신사업이 과거에는 경영 전략상 반드시 해야 할 사업이었으나, 커뮤니케이션 효과를 고려한다면 다시 한번 생각해 볼 수도 있는 사업이 될 수도 있다. 최근 문제가 되고 있는 대기업의 중소기업 마트나 사무용품 사업 진출 등이 바로 이러한 경우라 할 수 있다.

두 번째는 커뮤니케이션의 타깃이다. 과거에는 커뮤니케이션 타깃이 커뮤니케이션의 타입과 목적에 따라 단일하게 좁혀져 있었다. 예

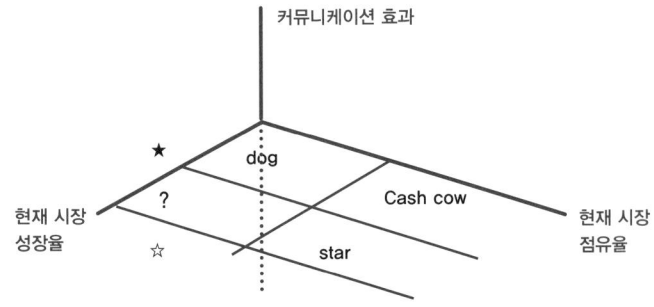

_____ BCG 매트릭스의 확장

를 들면 기업 PR의 경우는 일반 대중, 제품 마케팅의 경우는 그 제품의 핵심 고객 또는 잠재고객으로 커뮤니케이션 유형에 따라 타깃 청중이 구분되어 있었지만 지금의 마켓 3.0 시대에서는 이와 같은 청중의 구분은 없다는 것이다. 제품 광고를 하던 기업광고를 하던 우선순위는 존재할 수 있으나 모두를 고려해야 하며 이는 고객, 이해관계자와 일반 대중들에게 일관된 가치를 제공해야 한다는 것을 의미한다.

장기적 관계구축에 초점을 맞추는 경영

기업은 제품 또는 서비스의 거래를 성공시킴으로써 수익을 창출해야 한다. 그것이 곧 기업의 존재이유이며 지속적인 경영을 유지할 수 있는 수단이기도 하다. 당연히 대부분의 기업들은 경영의 초점을 거래 창출에 맞추어 왔다.

그러나 거래 자체에만 중점을 두다 보니 경영이 지나치게 단기적이고 근시안적으로 진행되는 폐단이 나타나게 되었다. 기업은 확실한 거래 촉진을 위해 인센티브에 지나치게 자원을 집중하게 되고, 이는 결국 끊임 없는 가격 싸움으로 이어진다. 품질 경쟁에서도 눈에 보이는 제품 속성 싸움에 초점을 맞추게 됨으로 인해 끊임없는 속성 싸움이 벌어지는 결과를 초래했다. 소비자들은 더욱 더 계산적이고 눈에 보이는 이익을 얻는 방향에서 의사결정을 하게 된다. 이러한 기업의 거래 촉진 관점과 소비자의 계산적 의사결정 방식은 상호간에 지속적인 영향을 미치고, 기업은 끊임없이 거래 촉진 싸움을 벌여야 하는 악순환에 빠지게 된다. 물론 이러한 과정은 수익창출이 아닌 손실창출을 야기시키기도 한다. 또한 수익성 약화를 가져옴으로 인해 대고객 서비스의 한계를 드러내고, 경쟁의 차원을 달리 할 수 있는 혁신적 R&D 투자 또한 감소 될 수밖에 없다.

경쟁이 심화되면 제품 경쟁력이 아닌 자본 경쟁력의 싸움으로 변질되고, 결국에는 자본이 승리하고 시장이 독과점으로 흐르면서 오히려 소비자 입장에서는 더 좋은 제품을 받을 기회를 놓치는 왜곡된 시장을 맞게 될 수도 있다. 그리고 기업의 궁극적 목적인 지속생존과 성장은 어려워진다.

거래 관점에서 경영을 하다 실패한 전형적인 사례로 초창기 우리나라 이동통신 시장의 넘버원이었던 M사를 생각해 볼 수 있다. M사가 애니콜에 자리를 내 준 이유도 역시 미래를 위한 관계라는 측면에서 경쟁력을 확보하지 못했던 원인이 가장 크다. 현재 전세계 넘버원 포탈인 구글Google이 우리나라에서 아직까지 힘을 발휘하지 못하는 이유도 이러한 관계경영이라는 측면에서 그 원인을 찾을 수 있다. 관계를 컨셉트로 하는 페이스북Facebook이 트래픽 면에서 구글을 앞선 것도 고객들의 관계욕구를 잘 보여주고 있는 사례다.

거래 관점의 경영에 대한 한계를 인식한 기업들은 점차 보다 장기적 차원의 지속 성장에 눈을 돌리게 되었다. 현재의 시장 점유율 보다는 미래에도 지속적으로 수익을 창출 할 수 있는 평생 고객 가치 Life Time Customer Value를 생각하고 '관계'라는 새로운 화두에 초점을 맞추게 되었다. '거래란 그 자체가 목적이 아니라, 어떠한 관계를 맺느냐에 따라오는 결과'라는 생각들을 하게 된 것이다. 즉 고객과 돈독하고 좋은 관계를 맺게 되면 그 결과로 거래가 촉진 될 수 있다는 것인데, 기업은 매번 거래 촉진을 하는 비용이 줄고 고객은 본인이 평소 좋아하는 기업 또는 브랜드와 거래를 할 수 있기 때문에 쌍방이 모두 만족 할 수 있는 조건하에서 거래가 창출될 확률이 높아 진다. 기업은 이러한 관계를 지속적으로 유지하며 평생 고객 가치를 높일 수 있게 되었다.

마케팅에서도 이미 10여 년 전부터 이러한 관계 마케팅 기법을 사용하고 있다. 하지만 지금의 관계 경영과는 조금 다른 의미이다. 과거의 관계 마케팅은 소위 데이터베이스 마케팅이라고 할 수 있었다. 기업이 고객 데이터를 확보하고, 이 데이터를 통해 고객행동에 대한 정보를 알게 됨에 따라, 이들을 집단 또는 개인별로 세분화하여 이들의 욕구를 보다 차별적으로 해결해 주는 서비스나 제품에 대한 정보를 줌으로 인해 매출을 더 올릴 수 있고 고객유지와 더불어 충성고객을 유도할 수 있다는 목적에서 시작되었다.

그러나 관계 경영의 목적은 이보다 훨씬 크고 깊다. 앞으로 필요한 관계 경영은 자사의 제품 고객차원이 아니라 마켓 3.0, 정보 민주화 시대에 맞는 '사회적 관계 강화 차원'이다.

그 내용도 고객욕구에 맞는 서비스나 제품을 제공하는 세분화 마케팅 차원이 아니라 사회에서 꼭 필요한 존재로서 가치를 제공하고 인정을 받고 좋은 사회를 이끌어 나아가겠다는 개념이 요구 된다.

당연히 관계 맺기의 대상은 고객을 넘어 종업원과 이해관계자 그리고 일반 대중을 포함한 포괄적 관계를 의미한다. 이러한 관계 경영의 출발선은 '우리가 파는 것은 튼튼한 못이 아니라 거실에 아름다운 그림을 걸어 놓고 싶은 주부의 욕구를 해결해 주는 것이다.'라는 마케팅 기본 교과서에 나오는 마케팅의 정의에서 출발 한다. 좋은 못을 만드는 회사와 아름다운 그림을 걸어 놓고 싶은 주부의 욕구를 해결해 주는 회사는 관계를 맺는 차원과 방법 그리고 대상 면에서 확연한 차이가 있다.

말 한마디로 천냥 빚을 갚는다는 말이 있다. 인간관계에서 가장 중요한 것이 커뮤니케이션이라는 의미다. 기업도 마찬가지다. 관계 맺기의 핵심은 결국 커뮤니케이션이다. 관계를 유지하고 강화하는 차원에서도 커뮤니케이션은 가장 기본적인 역할을 한다.

기업의 모든 경영활동이 메시지를 띠고 있는 커뮤니케이션이라고 설명한 바 있다. 여기서 커뮤니케이션의 위치 변화는 매우 중요한 의미를 가진다. 기업이 지금까지는 마케팅 차원이나 광고홍보 같은 프로모션 차원에서 커뮤니케이션을 관리 했다면, 이제는 기업 경영 차원에서 커뮤니케이션을 관리함으로써 고객을 넘어 사회적 대중과 목적 있는 관계를 유지해야 한다. 여기서 말하는 목적 있는 관계란 막연히 친한 관계가 아니라 앞에서 설명한 '못과 주부의 마음'이라는 일화와 같이 기업이 제공하는 업의 개념을 정의하고 이러한 업의 개념과 연관된 관계를 맺고 강화하고 유지하는 것을 의미한다. 브랜드 경영과 관계 경영의 결합이라고도 볼 수 있다. 현재 e편한세상과 페디그리의 기업 활동과 커뮤니케이션은 이러한 브랜드 중심의 관계 맺기 행동을 너무나 잘 보여 주고 있다.

관계 경영의 커뮤니케이션 관리에서 반드시 짚고 넘어가야 할 또 한가지는 상호 커뮤니케이션Two way communication 방식이다. 타깃 청중의 쌍방향참여Interactivity를 통한 상호이해와 공감대 증대가 중요하다. 상호 커뮤니케이션 즉 대화다. 영어로는 스피치speech가 아니라 다이얼로그dialogue다.

한때 스피치가 중요한 시기가 있었다. 일종의 선전Propagandas이 필요했던 매스커뮤니케이션 시절에는 일방적인 메시지 전달을 얼마나 잘 하는지가 중요했다. 하지만 정보 수신자와 생산자가 한 몸인 이 시대에서는 일방적 커뮤니케이션으로는 원하는 관계를 구축하고 유지 할 수 없다. 청중의 참여가 중요하다.

단, 청중의 참여가 단순히 청중의 말을 듣는다는 것은 아니다. 듣고 실행에 옮긴다는 것이 중요하다. 과거 일방적 커뮤니케이션에서의 목표가 설득을 통한 태도 변경이었다면 쌍방향참여에서는 청중의 참여에 의해 나 역시 설득되고 변화된다는 것을 가정해야 한다. 이것이 진짜 쌍방향참여이며 이로 인해 진정한 신뢰가 만들어짐으로써 원하는 관계가 구축 된다. e편한세상이 여타 기업과 다른 점은 고객의 의견을 듣고 상을 주고 끝나는 것이 아니라, 그 의견을 다음 번 설계에 도입하여 실제로 그렇게 만든다는 것이다. 이것이 상호 작용에 의한 소통이며 관계 경영의 핵심이다. 한편 이와는 반대로 팬덤을 지향하여 성공한 SK와이번스가 최근 고객과의 소통 장소를 폐쇄한 것은 아무리 불리한 상황에 있다 해도 실수한 것으로 그동안 쌓아온 고객 관계를 무너뜨릴 수 있는 매우 위험한 결정으로 보여진다.

02.

마케팅 차원이 아닌
기업전략 차원에서의
브랜드 경영

현대카드는 '처음이 아니면 만들지 않는다.'는 혁신과, 아름다운 외형에 합리적인 혜택을 강조한 'Science in Tiffany'를, 페디그리는 '개를 진정으로 사랑하는 마음'을 기업의 모든 행위를 통해 표현하고 있다. e편한세상 역시 '곁에서 보는 사람이 아닌 실제로 사는 사람들이 살기 편한 집'을 만든다는 사명감으로 기업의 모든 측면에서 이를 행동으로 옮겨 가고 있다.

매우 다양한 활동과 컨텐츠를 가지고 여러 커뮤니케이션을 청중들과 쌍방향으로 커뮤니케이션하고 있지만 이들의 공통점은 일관된 방향성과 규칙성을 가지고 있다.

여기서의 방향성은 기업 행동의 기준이 되고 기업이 추구하고 만들어가는 사회적 가치가 되며 기업이 원하는 다양한 이해관계자와의 관계가 된다. 이것이 브랜드의 정체성Brand Identity이며 이를 중심으로 내부 구성원의 상식을 통일 시키고, 기업의 모든 행동의 의사결정 기준을 삼는 경영을 이른바 총체적 브랜드 경영이라고 한다. 이러한 경영이 실제로 자리를 잡기 위해서는 브랜드 아이덴터티 시스템BIS: Brand Identity System이 구축되어야 한다.

브랜드 경영은 80년대 후반부터 소개되며 90년대 들어 켈러Keller와 아커Aaker에 의해 본격적으로 재조명 되었다.

과거 브랜드 경영의 핵심은 '보이지 않는 자산'이란 개념이었다. 기업의 가치와 제품에 대한 충성도는 결국 제품의 보여지는 혜택이나 속성이 아니라, 브랜드의 인식된 가치라는 것을 강조했다. 따라서 보이지 않는 자산을 개발하고 구축하고 유지 발전시키자는 것이 당시의 주장이었다.

그러나 미디언스 시대에서는 브랜드 가치 그 자체 보다 이를 축적해 가는 과정이 더 중요하다. 다양한 기업의 행동과 커뮤니케이션 활동을 관리해 나간다는 측면에서 중요한 것은 전사적으로 통일된 목소리와 모습을 보이는 것이다. 통일된 의사결정 잣대라는 측면에서의 브랜드 경영의 개념이 더욱 강조된다고 할 수 있다. 그러나 이러한 브랜드 개념은 기존의 브랜드 개념과는 차이가 있다. 이제 그 차이가 무엇인지 알아보도록 하자

미디언스 시대의 브랜드

미국 마케팅 협회는 브랜드에 대해 '제품과 서비스를 구분하고 차별화하기 위한 이름과 의미 그리고 이를 상징하는 표식의 종합적인 개념'이라고 정의하고 있다.

A brand is a name, term, sign, symbol or design or a combination of them, intended to identify the goods and services of one seller and to differentiate them from those of competition.

– 미국 마케팅 협회American Marketing Association

하지만 이는 협의의 정의라고 할 수 있다. 단순히 브랜드를 기업이 제공하는 제품이나 서비스와 명확하게 구분하고자 하는 시도이다.

자사의 제품 또는 서비스를 경쟁사의 그것들로부터 구분 지을 수 있고 차별화할 수 있는 것이라면 그것이 이름이든 표식이든 상관없다. 게다가 지금의 미디언스 시대에는 기업의 모든 활동이 이러한 차별화를 만들어낸다.

결국 미디언스 시대의 브랜드란 '경쟁사로부터 자사를 구분 짓고 차별화 시키는 모든 차원의 경영활동과 그로 인한 컨텐츠로서, 이름과 의미 표식 또는 그 복합체로 커뮤니케이션 되는 것'으로 정의할 수 있다.

A brand is a every business activity intended to identify the goods and services of one seller and to differentiate them from those of competition, which is communicating through a name, term, sign, symbol or design or a combination of them.

– 미디언스 시대의 브랜드, TBWA코리아 박준형

단순히 글자 몇 개가 바뀌고 어순이 변했을 뿐이지만, 사실 기업이 브랜드에 대해 어떤 정의를 가지고 있는가에 따라 경영활동은 매우 커다란 차이를 가져온다.

모든 것을 브랜드라고 생각하는 기업과 단순히 이름, 표식만을 브랜드라고 생각하는 기업이 있다고 가정해보자. 기업은 스스로를 차별화시키기 위해 광고를 만들고, 뭔가 다른 제품을 만들기 위해 노력할 것이다. 하지만 뭔가 작은 것, 부수적인 것에 대한 입장은 조금씩 달라진다. 그 조금씩 다른 차이가 나중에 가서는 큰 차이를 보인다.

현대카드의 경우를 보면 그들은 남들이 생각하지 않았던 카드 디자인 자체도 브랜드로 보았고, 따라서 차별화의 노력을 기울였다. 카드를 담는 포장과 배달 역시 대담한 차별화를 시도했다. 현대카드의 빠른 성장은 이런 작은 활동 하나하나까지 브랜드 개념을 적용해 스스로를 정의하고 차별화 시켰기 때문이다.

브랜드 정체성을 통한 기업의 행동과 컨텐츠의 통일

현대카드의 '처음이 아니면 만들지 않는다', 'Science in Tiffany'
페디그리의 '개를 진정으로 사랑하는 마음'
e편한세상의 '진심으로 살기 편한 집'
SK 와이번스의 '스포츠를 통한 즐거움'

등은 하나의 브랜드로 기업 행동의 기준이라고 할 수 있다. 이러한 기준을 구체화 시키고 성문화 시키고 체계화 시킨 것을 브랜드 정체성 규정 즉 BIS Brand Identity System이라고 한다. 기업들은 이를 통해 구성원의 판단기준을 통일시킬 수 있다. 이는 내부구성원의 정서적 문화적 인지적 상식을 통일시킴으로써 전사적으로 공통된 의사결정 시각을 갖도록 만든다. 이러한 전사적인 통일성은 하는 일은 모두 다르지만 같은 방식의 의사결정을 내림으로써 통일된 목소리와 모습을 보이도록 하는 원동력이 되며, 부서간 이기주의와 이해관계에 의한 갈등요소를 비교적 자연스럽게 해결하도록 만드는 원동력이 된다.

다시 한번 강조하지만 미디언스 시대에는 기업의 모든 활동과 컨텐츠가 원하던 원치 않던 커뮤니케이션 되며 이를 사후적으로는 관리할 수 없다. 따라서 모든 소스^{Source}를 사전에 원활하게 통제하고 관리해야 한다. 그렇다고 기계도 아닌 사람의 모든 행위를 통제할 수는 없다. 의사결정에 필요한 중심 생각을 통일해 모든 구성원이 일관성을 보여주도록 하는 것이 중요하다. 이러한 활동이 반복되면서 브랜드가 총체적 인격을 가지게 되는데, 이것을 만들어 가는 기업 내 인프라가가 바로 브랜드 정체성 규정^{BIS}이며, 이를 제정하고 전사적 경영원칙으로 삼고 실행에 옮기는 경영이 IBC 경영이다.

IBC 경영은 BIS를 활용해 기업의 모든 활동에 일관성을 부여한다는 장점이 있으며, 기존의 제품과 시장만을 고려한 사업전략을 벗어나 앞으로의 비전까지 포함한 전략을 세울 수 있다.

이를 통해 기업은 커뮤니케이션의 일관성을 바탕으로 브랜드 파워를 얻을 수 있으며, 이외에도 IBC 경영을 통해 나타나는 다양성과 창조성이 주는 시너지 효과를 기대할 수 있다.

03.

감성을 사로 잡는 경영

새로운 경영 패러다임의 세 번째 특징은 효율뿐만 아니라 감성에도 초점을 맞추고 있다는 것이다. 감성은 이성과 더불어 마케팅 과 경영에서 늘 중요시 여기는 요소 중의 하나였지만 이 시대에 특히 감성이라는 것이 중요한 이유는 이 시대의 특성인 미디언스라는 개념과 밀접한 관계가 있다.

아버지는 말하셨지! 인생을 즐겨라! 웃으면서 사는 인생……

듣기만 해도 즐겁고 가사를 음미하면 정말 놀랍다. 우리의 아버지에 대한 이미지는 언제나 엄격하고 근엄하며 훌륭한 사람이 되어야 한다는 말 밖에는 모르는 존재라는 생각인데, 인생을 즐기라니!

귀에 팍! 들어오며 잊혀지지도 않는 현대카드W의 CM송이다. 현대카드의 혁신을 잘 표현 하면서 사람들의 감성을 사로 잡고 있다.

미디언스 시대는 청중이 정보 수신자가 아니라 정보를 재창출 하는 미디의의 기능을 겸하는 시대다. 게다가 이 미디어는 사적이며 사람이다. 원래 미디어는 법인이며 공적 존재이기에 사실의 전달과 중립적인 관점을 표방하는 것이 기본 방침이다. 그러나 미디언스 시대에는 정보를 받아드릴 때에도 개인적인 견해가 더해지며, 재창출할 때에는 무엇보다도 감성을 노출할 확률이 높아진다. 재창출을 하겠다는 동기 역시 이들의 감성에 대한 자극이다. 한마디로 중립이 아닌 편향, 이성보다 감성이 풍성해진 정보유통의 시대이다.

미디언스 시대 = 감성 코드의 시대

당연히 기업의 커뮤니케이션은 얼마나 미디언스들의 감성을 사로잡을 수 있는지, 또는 어떻게 미디언스들의 감성을 상하지 않게 만들지를 고민해야 한다.

조직 내에 BIS를 정립해 커뮤니케이션 해야 할 브랜드, 기업운영의 원칙이 잡혔다면 이제 기업은 일관된 경영활동과 이에 따른 일관된 커뮤니케이션을 실행해야 한다. 경영활동이 전달해야 하는 중심

메시지가 만들어진 것이다.

그러나 이것만으로는 충분하지 않다. 중요한 것은 이 일관된 브랜드 커뮤니케이션이 미디언스의 감성을 움직여야 한다는 것이다. 미디언스의 감성을 움직였다는 것은 결과적으로 메시지가 미디언스에게 더욱 효율적이고 효과적으로 전달되었고, 더욱 차별적이고 매력적으로 느껴져 쉽게 기억되고 쉽게 인출되며 오랫동안 보존됨과 동시에 그들을 움직이는 동력으로서 작동함을 의미한다.

인간의 기억력을 높이는 방법은 두 가지다. 첫째는 메시지 수용자가 일관된 메시지에 지속적으로 노출되어 나타나는 일종의 반복효과에 의한 것이며 둘째는 메시지 수용자가 자발적으로 어떤 대상에 대해 너무 좋거나 또는 너무나 중요하다고 느껴 스스로 자꾸 생각해 뇌에 강렬하게 각인되는 효과를 가져오는 자발적 연습효과가 있다. 두 방법 중 고객의 기억과 태도 그리고 행동에 더욱 큰 영향을 미치는 요인은 당연히 자발적 연습효과다. 수학공식은 외워지지도 않고 외워도 자꾸 잊어 버리지만, 좋아하는 노래 가사는 노력을 안 해도 술술 외워지고 잘 잊어버리지도 않는다. 일관성을 가진 커뮤니케이션을 통해 고객의 자발적 기억과 태도형성 그리고 행동유발을 극대화 할 수 있다면 그 기업은 생존을 넘어 지속가능, 영속할 것이다.

감성에 어필하는 IBC 경영

IBC 경영을 위해서는 BIS를 통해 창조된 가치가 고객에게 전달되는 과정에서 이를 매력적으로 만드는 일이 더해져야 한다. 보기 좋은 떡이 먹기도 좋다. 같은 말이라도 누가 말하느냐, 어떻게 말하느냐, 어디에서 말하느냐에 따라, 사람들의 집중과 기억은 달라진다.

커뮤니케이션은 가치의 단순 전달로 끝나는 것이 아니라 전달 과정에서 새로운 가치를 더해야 한다. 이것은 직접적인 커뮤니케이션(광고 등)이든 간접적인 커뮤니케이션이든 마찬가지이다.

입시학원의 전설적인 스타강사들이 기존의 메시지에 새로운 가치를 더해 더욱 이해하기 쉽고 매력적인 메시지로 다시 만들어 내는 것이 재창조 시키는 좋은 예이다. 유행하는 대중음악의 내용 역시 사랑과 이별에서 나오는 인간의 기쁨과 고통 등의 감정을 수십 년 동안 변함없이 다루고 있다.

같은 내용이라도 전달하는 방식에 따라 감성과 기억에 미치는 효과가 다를 수 있다는 예는 주변에서 얼마든지 볼 수 있다. 우리가 커뮤니케이션 하게 되는 대상은 공자도 아니고 아인슈타인도 아니다. 감정과 이성이 복합적으로 상호 작용하는 평범한 인간이다. 커뮤니케이션은 감성에 영향을 주며, 이러한 과정에서 가치가 증가하거나 감소할 수 있다.

커뮤니케이션 그 자체에서 가치를 창조해야 한다.

기업에서 전달되는 메시지는 어떠한 형태로 청중에게 전달되며, 또 어떠한 형태로 받아들여 질까?

이것을 한마디로 정의한다면 일종의 가로막기 즉 간섭Interception이라는 용어가 가장 적당할 것 같다. 고객이 가고자 하는 목적지에 느닷없이 나타나서 고객을 일단 짜증나게 한다. 그것이 현재 커뮤니케이션의 모습이며 우리의 커뮤니케이션에 대한 고객의 첫 번째 감정 반응이다. 이러한 감성 하에서는 아무리 좋은 가치에 대한 메시지도 좋게 들릴 리가 없다. 따라서 BIS를 통해 창출된 가치가 고객에게 제대로 전달되기 위해서는 첫째로 이러한 간섭효과에서 오는 부작용을 최소화시켜야 한다. 이를 위해 가장 좋은 방법은 기업의 상업적 커뮤니케이션이 간섭이 아닌 그 자체가 목적물이 되도록 만드는 것이다. 고객들이 영화나 드라마 같은 컨텐츠를 대하듯 상업적 커뮤니케이션 역시 목적물로서 즐기고 감상하도록 만들게 된다면 이러한 간섭효과는 없어지고 그로 인한 커뮤니케이션 효과는 극대화 될 수 있다. 청중이 상업적 커뮤니케이션을 간섭이 아닌 목적 그 자체로서 받아들임으로 인해, 할 수 없이 보는 것이 아니라 자발적으로 찾아서 보도록 만드는 것이 바로 커뮤니케이션에서의 또 하나의 가치 창조 작업이라고 할 수 있다.

간섭이 아닌 목적이 되는
커뮤니케이션을 만드는 작업, IBC

앞서 언급 했듯이 BIS는 커뮤니케이션 차원에서 두 가지 임무를 달성해야 한다. 첫째는 브랜드가 제공하는 가치를 명확하고 일관되게 담아야 하며 두 번째는 이러한 가치가 간섭효과에 의해 청중의 부정적 감성 또는 경쟁사의 소음에 의해 매몰되거나 희석되지 않고 차별적이며 강렬하게 전달되어야 한다. 첫 번째의 조건을 커뮤니케이션을 정당화 시키는 필요조건이라고 한다면 후자는 커뮤니케이션을 차별되게 만드는 충분조건이라고 할 수 있다.

브랜드 정체성과의 일치라는 필요조건이 충족되면 커뮤니케이션은 브랜드가 제공하는 가치와 개성을 명확하고 일관되게 전달할 수 있다. 그렇다면 브랜드가 가지고 있는 이러한 일관된 가치를 보다 매력적이고 차별적으로 전달함으로써 고객이 좋아하고 스스로 기억하고 즐기는 커뮤니케이션이 되기 위한 충분조건은 무엇일까? 이제 여기서 커뮤니케이션 철학의 전환이 요구되며 이것이 IBC가 요구하는 커뮤니케이션 중의 하나다.

지금까지의 기업 커뮤니케이션 목적 또는 철학이 '내가 하고 싶은 말을 전달한다.'였다면, 새롭게 요구되는 철학은 '고객이 원하는 것을 들려주거나 보여주어 고객을 감동시켜 그 대가로 내가 말하고 싶은 것을 고객이 들어주고 기억하도록 만드는 것이다.' 이 두 문장의 차이는 매우 크다. 마케팅 컨셉에서 가장 중요한 고객 마인드를 부르짖던 기업들도 커뮤니케이션 부분에서는 고객을 잊고 내가 원하는 것을 먼저 들으라고 외쳤다.

하다 못해 옛날 장터에서 약을 팔던 약장수도 만병통치라는 약의 효능을 가장 먼저 말하지 않는다. 약을 팔러 전국을 떠도는 약장수는 본능적으로 커뮤니케이션의 본질을 꽤 뚫어보고 있었다.

내가 말하고 싶은 것을 먼저 말하고 들어주기를 바라는 것이 아니라, 고객이 원하는 것을 먼저 주고 고객을 감동시킴으로써, 그 대가로 내가 하려는 말을 고객이 자발적으로 듣게 만드는 것, 이것이 바로 BIS가 보다 매력적으로 고객에게 다가가는 커뮤니케이션의 충분조건이며 진정한 아웃사이드 인(고객 입장에서 나를 바라보는 방식) 접근방법인 IBC 커뮤니케이션 방식이다.

현대카드는 자기 주장을 하기에 앞서 고객에게 즐거움과 놀라움이라는 감성적 쾌감을 준다. e편한세상은 고객이 원하고, 하고 싶었던 말을 대신해줌으로써 공감과 일종의 시원함 까지를 느끼게 해준다. 페디그리 역시 고객의 '사랑'에 대한 공감과 감동을 먼저 전달한다. 이러한 예는 비단 앞선 기업의 커뮤니케이션뿐만 아니라 다른 분야의 커뮤니케이션에도 적용된다.

한국영화 사상 최초의 흥행 대작이라고 불리는 1999년작 〈쉬리〉

는 분단의 아픔이라는 주제를 전달하고 있다. '남북분단'이라는 소재의 영화는 우리에게 너무나 익숙하고 뻔한 내용인데, 어떻게 600만 이상의 관객이 들었으며 한국영화 부흥을 주도한 영화가 되었을까? 또한 1,300만이 넘게 본 우리나라 역대 최고 흥행작 〈괴물〉 역시 영화 내용은 환경오염이 낳은 돌연변이 괴물에 의한 재난영화로 사실 전혀 새로울 것이 없는 소재이다. 〈아바타〉 역시 이미 〈매트릭스〉 같은 영화에서 봤던 익숙한 구조의 이야기지만 최고의 흥행을 누리고 있다. 이와 같은 '뻔한 내용'의 영화들이 새롭게 보여지고 청중에게 사랑을 받는 이유는 무엇일까? 이는 영화의 줄거리를 전달하는 과정에서 새로운 가치를 창출했다는 것을 의미하며 그 가치가 바로 '고객이 원하는 것을 먼저 주었다'는 의미다.

IBC 경영에서의 상업적 커뮤니케이션도 영화와 다를 바 없다. 90년대 말 이동통신 시장은 '통화품질' 전쟁의 시대였다. 저마다 통화품질이 최고라는 말을 했지만 청중의 사랑이 모두 똑같은 것은 아니었다. 당시 '스피드011'의 "때와 장소를 가리지 않는다"는 광고는 통화품질이라는 동일한 광고 전쟁에서 독보적인 사랑을 받았다. 이 광고에는 최고의 통화품질 메시지를 자발적으로 받아 들이고 느낄 수 있는 무엇인가 다른 요소가 있었기 때문이다. '도전정신'을 강조하는 '나이키'의 'just do it'을 능가하기 위해 '아디다스'가 만든 'Impossible is Nothing' 또한 새로운 감동을 전달함으로써 고객의 사랑을 받고 있다.

사실 상업적 커뮤니케이션의 경우, 어떤 캠페인을 펴더라도 이미 청중은 그 메시지가 주려고 하는 의미를 사전에 모두 알고 있다.

'우리 브랜드가 제일 우수하다'
'우리 브랜드를 사랑해 주세요'
'우리 브랜드가 고객을 가장 많이 생각합니다'
'우리 브랜드가 고객의 문제를 가장 잘 해결해 줍니다'
'우리 브랜드가 고객의 품격을 가장 잘 높여 줍니다'
'우리 브랜드와 같이 있으면 고객이 가장 즐겁고 행복합니다'

대강 이런 정도의 메시지에 모두 속한다고 볼 수 있다. 그런데 어떤 커뮤니케이션은 고객이 주목하고, 보고 싶어하고, 더 나아가 감동을 받기도 하고 스스로 기억하려고도 한다. 그 차이가 바로 뻔한 주제의 영화를 흥행시키는 요소이며, 이런 요소들이 바로 미디언스 시대의 커뮤니케이션 경영을 성공시켜 주는 충분조건들이다.

다만 여기서 조심해야 할 것이 있다. 브랜드 커뮤니케이션은 영화도 아니고 예술도 아니다. 단지 영화와 예술의 요소를 포함하고 있다는 것뿐이며 그 자체가 목적은 분명 아니다. 브랜드 커뮤니케이션은 청중이 원하는 것, 영화 같은 흥미요소를 주는 것만으로 그치는

것이 아니라 그것을 통해 브랜드를 사랑하게 만들고 브랜드가 전달
하려는 말을 주의 깊게 듣고 이해하고 믿고 기억하게 만드는 목적을
수행해야 한다. 다음 장에서는 이러한 브랜드의 목적을 달성하는 데
필요한 구체적인 조건을 알아보도록 하겠다.

4부

새로운 패러다임으로 기업을 바꾸다

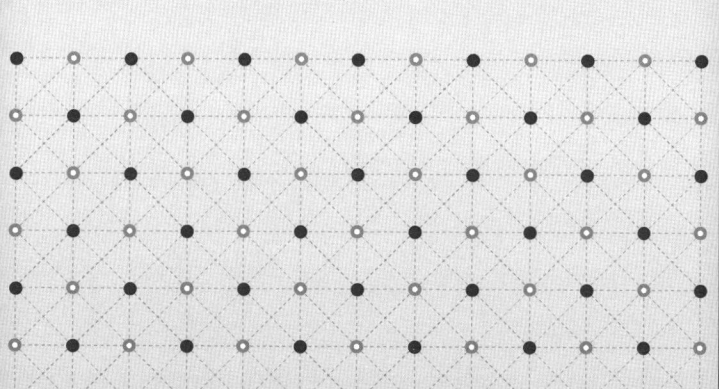

○

새로운 경영 패러다임이 왜 필요하고 어떤 특징이 있는지를 이해했으니
이제 우리 기업이 이를 받아들여 어떻게 변할 것인지를 알아볼 차례다.
새로운 패러다임에 맞게 기업을 개선하기 위해서는
커뮤니케이션을 경영의 중요한 요소로 인식하고,
모든 기업 행위의 모습이 일관성과 창조성을 띄도록 만들어야 하며,
이를 구체적으로 실현하기 위한 전략을 갖추어야 한다.

01. 경영과 커뮤니케이션을 결합하는 브랜드 아이덴터티 시스템^{BIS} 구축

경영과 커뮤니케이션을 결합한다는 것은 경영이 곧 커뮤니케이션이라는 생각을 인식하고 커뮤니케이션을 경영전략의 중요 관리요소로 설정한다는 것을 의미한다. 이를 통해 고객 및 이해관계자와 대중과의 관계를 돈독하게 하는 브랜드 인테그러티 개념을 만들어야 한다.

브랜드 인테그러티의 실현이라는 구체적인 효과를 달성하기 위해서는, 커뮤니케이션 전략을 마케팅의 하부 전략으로 취급하던 전통적 사고를 버리고, 모든 비즈니스 행동의 커뮤니케이션 효과 관리를 경영전략이라는 탑 매니지먼트^{Top Management} 차원에서 접근해야 한다.

경영과 커뮤니케이션을 결합하기 위해서는 기업의 행동전략 길잡이인 BIS ^{Brand Identity System}를 구축해야 한다. BIS는 경영전략의 지향점일 수도 있고 의사결정기준일 수도 있다. 이러한 기준점이 없다면 나침반 없는 배로 항해하는 것처럼 일관성 없이 방황하게 되며 오히려 역효과를 낼 수도 있다.

기업이 어떤 커뮤니케이션 효과를 낼 것인가 하는 목적과, 목표로 하는 브랜드 인테그러티, 목표로 하는 관계가 매우 정밀하게 설정되어야 하고, 이것이 성문화 되고 전사적으로 공유되고 문화로 정착화 되어야 한다. 이 초석이 바로 BIS이고 이를 활용한 경영이 IBC 경영이다.

경영과 커뮤니케이션을 결합 하는 BIS의 구축 방향

IBC 경영이 성공하기 위해서는 우선 BIS 가 헌법적 차원의 힘을 가진 존재가 되어야 한다.

또 BIS를 통해 우리 브랜드가 만들어야 할 '가치'와 우리가 브랜드가 미래에 어디로 가야 되는가 하는 '비전', 지속적으로 브랜드에 축적 시켜야 할 '자산', 대외적으로 고객과의 구체적 '약속', 고객과 이해관계자 그리고 일반 대중들과의 구체적인 '관계'를 상징할 수 있도록 구체화되어야 한다.

BIS는 브랜드의 정체성을 만들고 이를 차별화할 수 있도록 체계적으로 규정해 놓은 원칙이다. 브랜드 경영에서 한 기업이 반드시 지켜야 할 최고의 법칙, 즉 헌법이라고 생각하면 된다. 가장 상위의 법으로 어떠한 법보다 우선적으로 적용되며 반드시 지켜져야 한다는 성격을 띠고 있다. 한 기업이 BIS를 만든다는 것은 곧 브랜드 경영에 대해서 헌법적 차원으로 관리하겠다는 의지를 표명하고, 이를 실행에 옮기겠다는 각오를 했다는 것을 말한다. 마케팅 커뮤니케이션 차원, 마케팅 프로그램 차원은 물론 전사적 경영 차원에 걸쳐 브랜드 커뮤니케이션적인 측면에 영향을 줄 수 있는 모든 의사결정에 대해 이 BIS가 최고의 의사 결정 기준이 된다는 것을 의미하며 모두가 이를 따라야 하는 강제성 또한 띠고 있음을 의미한다.

이러한 최상위 기준과 강제성을 띠고 있지 않다면, BIS는 그야말로 무용지물이며 교실 벽에 장식처럼 달려있는 교훈 정도의 의미로 아무런 가치를 발휘할 수 없게 된다. 따라서 BIS는 이러한 헌법적 존재로 전 사원에게 공유되고 가슴속에 새겨지고 행동 되어야만이 그 힘이 발휘된다.

BIS를 통해 네 가지 역할이
수행될 수 있도록 관리되어야 한다

BIS의 위상을 헌법이라고 한다면, 내용면에서의 역할은 다음의 네 가지로 정리 된다.

첫째는 브랜드가 추구하는 비전이다. 모든 조직 구성원과 주주, 협력업체 같은 이해관계자 그리고 고객과 대중 모두가 브랜드의 미래에 대해 어떤 모습으로 발전해 나아갈지에 대해 충분한 그림이 그려지고 예측이 가능하도록 만드는 역할을 한다. 이는 브랜드가 미래에 갖게 되는 제품 발전 방향, 신제품 개발, 제품 포트폴리오 구성뿐만 아니라 더 크게는 비즈니스 포트폴리오 개발에 있어서까지 시행착오를 줄여 주는 올바른 방향타 역할을 함과 동시에 경쟁력 또한 재고시키는 역할을 한다.

두 번째는 브랜드가 만들어 가야 할 고객 및 미래고객 중 대중과의 약속을 명확하게 하는 것이다. 브랜드의 약속이 명확해지고 충분한 공유가 된다는 것은 브랜드에 대한 품질, 혜택, 가격대비 가치 측면에서 고객에게 예측할 수 있게 하고, 만족도를 평가할 근거를 제공해 해당 브랜드가 신뢰를 얻도록 하는 의미가 있다.

세 번째의 역할은 가치의 기능으로 내부구성원들에게 특히 중요한 역할을 하는데, 이는 브랜드가 갖는 비전 그리고 고객과의 약속을 지켜 나가기 위해 내부구성원이 무엇을 해야 하고, 무엇을 하지 말아야 하는지를 명확하게 알려주는 나침반 역할을 말한다. 이는 고객과의 약속을 지키게 만들어 고객의 신뢰를 확보, 유지, 강화시키며 장기적으로 브랜드 비전을 달성하도록 만들어 준다.

마지막으로 조직이 축적시켜 나가야 할 브랜드의 자산기능 측면이 있다. 이는 브랜드 관리의 최종 목표이며 결과로, 경영활동을 통해 여러 이해관계자들과 어떤 관계를 맺어 갈 것인가에 대한 목표를 명확하게 만들어준다.

이와 같이 BIS는 브랜드의 비전, 약속, 가치, 자산을 규정하는 역할을 함으로써 미디언스 시대에 브랜드의 총체적 인격 형성을 위한 가장 중요한 핵심개념이며, 새로운 패러다임 속에 생존을 약속하는 가장 큰 무기이다.

BIS의 구성요소

BIS의 구성에 대해서는 모델에 따라 조금씩 다르다. 이러한 모델들은 나름대로의 장단점을 가지고 있으며 정답은 존재하지 않는다. 중요한 것은 BIS가 무엇인지 그 개념을 정확히 이해하고 구성요소를 이해하면서 각자 자신의 기업에 맞는 BIS를 구성할 수 있는 안목을 갖는 것이 중요하다. 이러한 취지를 염두에 두고 가장 대표적인 모델 몇 가지에 대해 이해해 보도록 하자.

전통적 모델인 아커 David A Aaker 의 BIS 모델

최초의 BIS는 이미 많은 사람들이 알고 있는 아커의 이론이다. 아커의 프레임은 5단계의 수직적 개념으로 구성되어 있다. 가장 상위의 개념에는 브랜드 에센스Essence이며 그 다음으로 핵심 아이덴터티, 확장 아이덴터티, 가치제안, 그리고 마지막으로 브랜드-고객 관계로 구성되어 있다.

아커의 BIS는 사실 핵심 아이덴터티Core Identity 개념이 중심이 된다고 볼 수 있으며, 이는 가장 핵심적인 전략과 가치의 키워드들로 이루어진다. 이러한 핵심 아이덴터티는 하나의 개념이 아니라 몇 개의 다양한 개념들로 구성된다. 이 다양한 개념들을 하나의 개념으로 엮어내는 핵심 중의 핵심이 브랜드 에센스라는 개념이다. 브랜드 에센스는 다양한 개념을 하나의 개념으로 엮다 보니 당연히 추상적인 형태가 된다. 예를 들어 SK의 행복, 삼성의 일류, 디즈니의 즐거움 등이 이에 해당된다.

한편, 핵심 아이덴터티를 보다 구체화 시킨 것이 확장 아이덴터티

브랜드 에센스	인습타파
핵심 아이덴터티	• 서비스의 질 - 유머와 안목으로 항상 해당 카테고리 내에서 최고의 질을 제공 • 혁신 - 정말로 혁신적이고 부가적인 가치를 높여주는 특별한 상품과 서비스로 최고를 지향 • 재미 - 재미와 즐거움을 제공하는 회사 • 돈에 부합하는 가치제공 - 결코 값비싼 선택사항이 아니라 모든 서비스와 제품에 부합하는 가치 제공
확장 아이덴터티	• 정의로운 도전자 - 새롭고 창의적인 서비스로 기존의 관료적 기업들과 맞서 싸운다 • 개성 - 규칙을 무시하고, 때로는 심할 정도의 유머감각이 있고, 기존 질서와 맞서 싸우는 도전자이고, 유능하며, 항상 높은 수준의 일을 해내고, 높은 기준을 갖고 있다. • 그 외 로고와 심볼 등.
가치 제안	• 기능적 편익 - 양질의 가치 제공, 안목과 유머로 제공되는 기타 혁신적인 서비스 • 정서적 편익 - 정의로운 도전자를 지지하는 신념에서 오는 자긍심, 재미있고 유익한 시간 • 자아표현적 편익 - 기존의 관습에 기꺼이 반항한다. 약간은 정도를 넘는다.
고객과의 관계	고객들은 재미있는 버진의 동반자

_____ 조금은 복잡한 아커의 버진Virgin 브랜드 아이덴터티

Extended Identity개념인데, 아커는 이를 제품으로서의 브랜드, 조직으로서의 브랜드, 사람(개성)으로서의 브랜드 그리고 심볼로서의 브랜드라는 네 가지 영역으로 분류하여 정의하고 있다. 이는 브랜드가 갖는 다양한 모습 또는 브랜드가 영향을 미치거나 영향을 받게 되는 다양한 영역을 보여준다.

그리고 이러한 아이덴터티 개념이 고객에게 전달해야 하는 가치를 규정하는 가치 제안 단계와 브랜드와 고객과의 관계를 정의하는 브랜드-고객 관계가 있다.

이 이론은 브랜드에 대한 모든 것을 다각적 차원에서 매우 구체적으로 묘사했다는 특징을 가지고 있다.

아커 이론의 의미와 실용성: 아커는 제품과 브랜드가 동일한 개념으로 사용되던 시기에, 브랜드에 대한 차별적 시각과 체계적 지식 그리고 무형자산의 중요성을 일깨우는데 현격한 공헌을 했다. 그러나 아커의 모형을 현실로 옮기는 데 있어서는, 기획하는 차원은 물론 활용하는 측면에서도 무리가 있음을 알 수 있었다. 실제로 이 이론을 적용해봤더니 개념간의 중복이 너무 심하게 나타났다. 일반적으로 좋다고 생각되는 개념들은 모두 포함 돼 방향성이 오히려 모호해졌다. 결국 이 이론을 실제로 활용해야 할 조직 구성원에게 모호한 방향을 제시하게 되고, 좋기는 하나 쓸모 없다는 생각을 하게 만들어 업무에 적용하기에는 어려웠다. 아커 역시 브랜드 아이덴터티를 실제로 제정하는데 있어서 불필요한 부분은 과감히 무시하라는 제안을 하고 있다. (아커, 『브랜드 리더쉽』, 브랜드앤컴퍼니, 2001, P53,55)

켈러Kevin Lane Keller의 '브랜드 맨트라Brand Mantra'

아커와 달리 켈러는 '브랜드 맨트라' 라는 훨씬 간결한 이론을 제
시하고 있다. 물론 켈러의 이론은 아이덴터티 차원보다는 포지셔닝
에 가깝지만, 저자와 같은 학자가 아닌 실무자 관점에서 보면 거의
같은 차원으로 보여진다. 브랜드 멘트라는 브랜드 기능Brand function,
기술적 어구Descriptive Modifier, 정서적 어구Emotional Modifier의 세가지 개
념으로만 구성되어 있고, 무엇보다도 간결하여 매우 효율적이라는
장점을 가지고 있다.

켈러의 정의에 의하면 브랜드의 기능은 '브랜드가 제공하는 제품
또는 서비스 편익의 본질'이며 기술적 어구는 '브랜드의 기능을 보
완하는 보다 구체적 개념'이며 정서적 어구는 '이러한 편익의 본질을
어떤 방식으로 제공할 것인가?'에 대한 차별화 개념으로 가장 중요
한 개념이라고 할 수 있다.

	정서적 어구	기술적 어구	브랜드 기능
나이키	Authentic	Athletic	Performance
디즈니	Fun	Family	Entertainment

_____ 나이키와 디즈니의 브랜드 맨트라

켈러가 소개하는 나이키의 예를 보면 나이키의 브랜드 기능은 '성과performance'이고 기술적 어구는 이를 보다 구체화 한 '운동선수의 성과'를 의미하며 정서적 어구는 '진실함authentic'으로 정의하였다. 한마디로 나이키는 "진짜 운동선수가 신는 최고의 성과를 제공하는 유일한 진짜"라는 브랜드 맨트라를 지니고 있는 것이다. 브랜드 맨트라 이론은 매우 간결하다는 좋은 면도 가지고 있지만, 지나치게 함축적이고 추상적 개념이 되어 자의적인 해석의 위험이 따라, 추가적인 설명이 필요하다는 단점도 있다. (Kevin Lane Keller, *Strategic Brand Management*, Pearson Education, 2008, pp 123)

현실적 모형:
TBWA 코리아 개성 가치 모형

Value-Personality Identity Model

지금까지 아커와 켈러의 이론들을 살펴 보았다. 저자는 브랜드 컨설턴트로 이 이론들을 가지고 많은 고민을 하며 실무에 적용해 보면서, 보다 실용적인 모형을 만들어 사용하고 있다. 어찌 보면 아커 이론의 축약형에 가까운 이 모형은 SK 그룹과 SK 텔레콤의 T, 스카이를 비롯한 여러 프로젝트에서 실제로 활용하여 실용성이 검증된 BIS 모형이다.

이 모형의 철학은 브랜드를 살아있는 사람으로 보고 있으며 매력적인 사람이 가져야 할 핵심 덕목으로 '능력'과 '인간성'의 두 가지 요소를 구성요소로 하고 있다. 매력적인 브랜드는 나에게 실질적이고 차별적인 혜택을 주어야 하며(능력이라는 측면) 아울러 사용하면서 감성적인 기쁨을 얻거나 왠지 그 브랜드를 듣는 것만으로도 또는 보는 것만으로도 기분 좋은 느낌을 주어야 한다(인간성이라는 측면). 이러한 두 가지 조건을 충족하면 이 브랜드는 고객에게 사랑 받는 브랜드, 소위 말하는 러브마크Love Mark가 된다.

여기서 말하는 '능력' 즉 고객에게 무엇을 줄 수 있는가 하는 부분이 브랜드 가치Brand Value가 되고, '인간성'이 브랜드 개성Brand Personality이 된다. 이 두 가지 개념이 이 이론의 핵심 개념이며 여기에 한가지 더 추가 할 수 있는 개념이 브랜드 에센스Brand Essence 개념이다. 브랜드 에센스는 브랜드의 가치와 개성을 하나로 묶어 주는 개념이 필요한 경우 사용되는 개념이다.

이러한 핵심 개념에 종속되는 하위개념으로 가치에는 기능적 가치functional Value, 감성적 가치Emotional Value, 상징적 가치Symbolic Value가 있고, 개성에는 조직개성과 개인개성이 있을 수 있다. 이 또한 빈칸 채워 넣는 시험문제처럼 억지로 짜내서 모두 만들 필요는 없다. 반드시 도움이 되고 필요한 경우에만 만들면 그 뿐이다.

브랜드 가치

브랜드 가치는 브랜드의 핵심 능력으로 수많은 경쟁사와 비교해 차별화 할 수 있는 근거가 되며 고객이 브랜드를 선택하고 사용하고 사랑하는 핵심 이유가 된다. 볼보^{Volvo}의 '안전', 월마트^{Wall Mart}의 'Every day Low Price', 디즈니^{Disney}의 'Fun', 야마하^{Yamaha}의 '감동', BMW의 '최고성능과 자부심' 등이 브랜드의 가치라고 할 수 있다.

가치에는 크게 월마트나 볼보와같은 실용적 차원에서의 기능적 가치, 디즈니나 야마하의 감성적 차원의 가치, 그리고 BMW나 벤츠 같은 과시적 욕구를 자극하는 상징적 가치가 있는데, 가치 체계를 정립 하는데 있어서는 이 세 가지를 모두 설정하는 경우도 있고, 그 중에서 가장 핵심적인 가치 하나만을 잡는 경우도 있다. 이는 브랜드의 상황과 경영자 의지에 맞게 설정 할 수 있다.

브랜드 가치를 설정 하는데 있어서는 홀브룩^{Holbrook}의 소비자 가치 이론이 유용하다. 홀브룩은 인간의 소비 행위에 대해 크게 8가지 가치로 나누고 있는데, 이 8가지 분류는 위에서 언급한 세 가지 차원의 가치 체계를 보다 구체화 한 개념이다(표 참조). 홀브룩의 가치 체계에서 중요한 것은 소비자가 같은 제품 또는 같은 기능을 소비하더라도 느끼는 가치는 서로 다를 수 있다는 것이다. 같은 제품이라도 8개의 차별화된 브랜드 가치를 준다는 것은 달리 말하면 제품 소비가 주는 경험과 브랜드 소비가 주는 경험이 다르게 그려질 수 있다는 말이 된다.

자기 중심	Active	1. Efficiency 편리함과 효율성 때문에 사용	3. Play 즐거움 때문에 사용
	Reactive	2. Excellency 최근/최신 등 우수함 때문에 사용	4. Beauty 제품 그 자체의 아름다움 때문에 사용
타인 중심	Active	5. Status 나를 표현하는 수단이나 지위의 상징 때문에 사용	7. Ethics 도덕적이고 윤리적인 차원에서 사용
	reactive	6. Esteem 주변의 평판이나 뒤떨어지지 않기 위해 사용	8. Spirituality 신을 믿는 데서 오는 안정감

_____ **홀브룩의 가치 체계** (Morris Holbrook, *Consumer Value*, Routledge, 1999, pp 12)

이는 카메라가 붙어 있는 핸드폰이라는 동일한 속성에 대해서 아래와 같이 8개의 서로 다른 가치를 줄 수 있다는 것이며, 이를 활용하면 동일한 제품이라도 브랜드 차원에서는 얼마든지 차별화된 가치를 만들어 낼 수 있다는 측면에서 매우 중요한 포인트이다.

브랜드 개성

사람들간에도 관계를 맺는데 여러 요인들이 있다.

어떤 사람이 나의 문제를 해결해 주는 능력을 가졌다면 우리는 그

가치	속성적용성	소비자가 원하는 가치
Efficiency	상	너무 편리하네. 따로 가지고 다닐 필요도 없고, 하나 값으로 두 제품을 쓰니 경제적이고
Excellency	상	핸드폰 중에서는 최고급인 카메라폰을 써야지
Esteem	상	남들도 다 카메라폰 쓰는데 나도 써야지
Status	상	이걸 가지고 다니면 내가 시대를 앞서는 사람으로 보이겠지
Play	상	이것 저것 찍는게 너무 재밌다.
Beauty	상	핸드폰 위에 달린 이 카메라가 너무 멋지다.
Spirituality	중	카메라폰이 없으면 너무 불안하다. 렌즈는 나를 지켜주는 신의 눈동자다.
Ethics	중	도촬하는 느낌이라 도덕적으로 옳지 않아.

───── **카메라폰 속성으로 본 소비자 가치의 해석**

사람과 관계를 맺으려 할 것이다. 그 사람을 알고 있다는 것만으로도 다른 사람들이 나를 부러워해 준다면 우리는 그 사람과 관계를 만들려고 노력 할 것이다. 나에게 아무 것도 주는 것이 없고 도움이 되진 않지만 왠지 호감이 가는 사람도 있을 수 있다. 반대로 뭔가 나에게 도움이 많이 되긴 하지만 모두가 이 사람을 좋아하지 않고 관계 맺기를 원하지 않을 수도 있다.

왜 이런 현상이 나타날까? 그것은 그 사람이 가지고 있는 능력 이외의 것들인 소위 인성이라고 하는 것의 작용이라고 할 수 있다. 이러한 인성, 성격을 브랜드에 투영시킨 것이 브랜드의 개성이다.

브랜드 개성은 브랜드 가치를 강화시켜 주는 역할을 하며 아울러 가치에 대한 크기를 산술적으로 비교할 수 없도록 만들어, 기술적으로 또는 속성적으로 모방된 경쟁사 제품으로부터 자사 브랜드를 차별화 시키는 데 결정적 역할을 한다.

아이팟이나 아이폰을 예로 보자. 이들은 모두 경쟁 브랜드들이 있으며 보는 관점에 따라서는 완벽한 혁신제품이 아니라고도 할 수 있다. 그러나 왠지 이 브랜드에 있어서는 첨단성이 더 크게 느껴지는데, 그것은 이 브랜드가 가지고 있는 기술적 측면도 있겠으나 더 큰 요인은 스티브 잡스의 창조성과 혁신성이라는 개성이다. 잡스의 개성이 이 브랜드들에 그대로 투영된 브랜드이미지들이다. 아이폰이 만약 애플이 아닌 IBM이나 소니 또는 제록스에서 나왔다면 이와는 다른 개성을 갖게 되었을 것이다.

더 재미있는 것은 브랜드 개성 그 자체로도 시장에서 차별적 경쟁력의 역할을 한다는 것이다. 벤츠^{Benz} 와 BMW, 아우디^{Audi} 같은 독일 차를 생각해 보자. 세 브랜드 모두 브랜드 가치는 '이 시대의 최고의 성능'이라고 볼 수 있다. 브랜드의 가치라는 측면만 놓고 본다면 세 브랜드를 차별화 시키기는 매우 힘들다. 그러나 여기에 브랜드 개성이라는 것이 가미가 되면 얘기가 달라진다. 우리나라의 벤츠는 '여유와 자신감'을 보여준다. BMW는 '젊음과 전문가'의 개성을 가지고 있다. 아우디의 활동적인 이미지도 많은 사람들에게 사랑 받고 있다. 기능적으로 우열을 가리기 힘든 상황에 브랜드 개성이 가미됨으로 인해 시장에서 차별화가 가능해 졌다. 이것이 바로 브랜드 개성의 힘이다.

브랜드 개성은 필요에 따라서 기업의 조직 브랜드로서의 개성과 개인 측면에서의 개성으로 나누어 설정할 수도 있다. 삼성이라는 브랜드의 경우 '철저한 관리와 믿음'이라는 조직 개성과 '깨끗하고 스마트하다'라는 개인 개성으로 나누어 질 수 있는데, 이 두 개성은 서로를 보완하도록 해 시너지가 나도록 설정해야 할 것이다.

브랜드 에센스

브랜드 에센스란 브랜드가 궁극적으로 추구하는 가장 상위 단계라고 할 수 있는데 보통 기업의 이념, 존재가치, 경영 철학 등과 일치

하며 이론적으로는 브랜드가 존재하는 한 바뀌지 않는 영속적인 것이다. 이와 같은 브랜드 에센스를 보다 구체화 시킨 것이 브랜드 가치와 브랜드 개성이다. 이들의 상호 연관성은 매우 높아야 하며, 가치와 개성을 실현하는 것이 곧 브랜드 에센스를 실현하는 결과를 만들어야 한다. 예를 들어 SK의 경우 브랜드 에센스는 '행복'이다. 여기에 '즐거움'이나 '새로움' 같은 가치를 통해 '행복'이 실현되도록 브랜드 체계를 갖추는 것이다.

그렇다고 브랜드 에센스가 가치나 개성과 반드시 다른 단어로 제정될 필요는 없다. 브랜드 가치가 곧 브랜드 에센스가 될 수도 있다. 야마하의 경우 브랜드 가치인 '감동'이 곧 브랜드 에센스이며, 이러한 브랜드 가치는 피아노 같은 악기는 물론 골프채나 심지어 모터사이클과 같은 전혀 관련이 없는 사업에 있어서도 활용된다. '감동'이라는 브랜드 가치 겸 브랜드 에센스가 전체 사업을 공통적으로 묶어주는 역할을 하고 있는 것이다.

TBWA코리아에서 사용하는 '개성 가치 모형'은 브랜드 에센스, 브랜드 가치, 브랜드 개성의 세가지를 기본 개념으로 하며 필요에 따라 디자인, 슬로건, 핵심 이미지 등의 상징과 특정상황에 따라 필요한 것들을 트레일러 형태로 붙이게 된다. 다음 그림을 보면 앞에서 예로 든 아커의 버전과 비교해 훨씬 명확함을 알 수 있을 것이다.

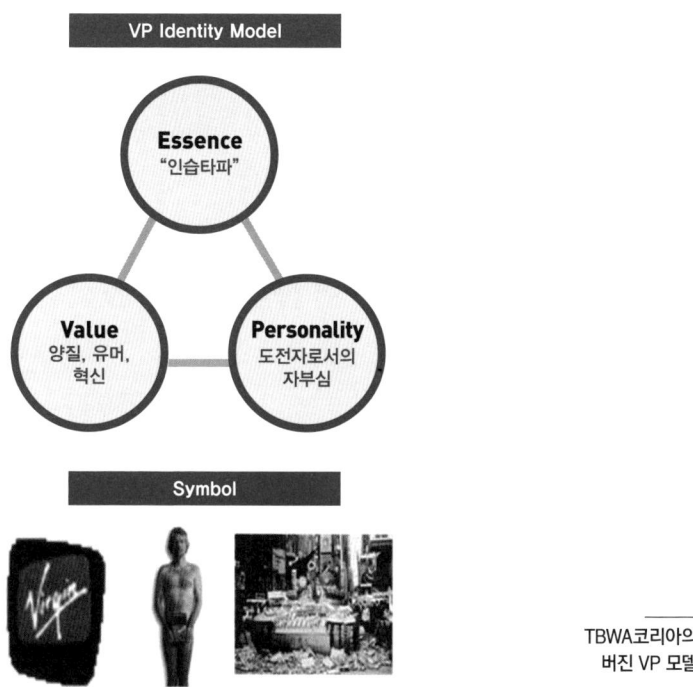

TBWA코리아의
버진 VP 모델

지금까지 살펴본 BIS는 결국 기업의 모든 비즈니스 행동에 대한 의사결정 기준을 설정한 것이다. 각 모형 별로 장단점이 있는데 이를 잘 살펴보고 각자의 기업에 맞는 의사결정 기준을 만들어야 할 것이다. 중요한 것은 어떠한 모델이냐가 아니라 어떤 기준을 설정해 모든 조직 내 구성원이 쉽게 적용할 수 있는가 하는 것이다. 꼭 어느 모형을 따를 필요는 없다. 각자 고유의 모델을 만드는 노력을 하는 것이 필요하다고 본다.

BIS를 통해 브랜드와 커뮤니케이션을 결합 하라.

BIS는 브랜드의 비전, 약속, 자산으로서의 가치, 관계라는 측면에서 단지 구호가 아니라 헌법이 이 사회를 이끌고 나가듯이, 경영 전분야에 걸쳐 엄격한 의사결정의 잣대로, 실천적 행동 가이드로 활용되어야 한다. 이는 단지 마케팅 차원에서의 4P 뿐만 아니라 사업 단위 전략에서도, 전략 차원에서도 일관되게 활용되어야 한다. 이것이 BIS를 활용한 IBC 경영이다.

내가 다니고 있는 TBWA의 브랜드 에센스와 가치는 '기존의 관습Convention을 과감히 부숴버리는Disruption 창조'이다. 브랜드 개성은 창조에 대한 열정이다. 이는 한마디로 기존에 있는 규칙을 거부하고 새로운 방식을 창조하려는 강한 의지를 말한다. 이러한 정신은 TBWA의 모든 결과물에도 나타나지만 신입사원을 채용하는 인사 전략은 물론 직원 단합대회에도 적용된다. 재무 전략에서도 나타나 가장 뛰어난 파트너와 일하며 지불 방식도 가장 좋은 조건으로 대해

준다. 어떤 경우 우리는 어음을 받지만 파트너에겐 현금을 주기도 한다. 이러한 타협하지 않는 규칙 깨기는 광고업계의 오래된 전통이라고 할 수 있는 광고주와의 갑을 관계 속의 접대 문화에도 TBWA는 남다름을 보여주고 있다. 그래서 그런지 TBWA는 일은 잘하는데 뻣뻣하다는 소리를 종종 듣는다. 이와 같이 기업의 모습을 만들어 주는 것이 BIS를 활용한 IBC 경영이다.

02.

일관성과 다양성, 두 마리 토끼를 잡기 위한 BIS의 전사적 적용

앞서 우리는 기업의 모든 활동이 의도 여부와 관계 없이 커뮤니케이션 효과를 가져오며 미디언스 시대에는 정보의 확산 속도를 따라잡을 수 없기에 사후통제가 불가능하다는 것을 배웠다. 따라서 미디언스 시대의 관리 핵심은 사전적 관리에 있다. 이러한 필요성에 의해 기업의 모든 행동 기준을 통일시키고, 이에 따라 커뮤니케이션의 일관성을 가질 수 있는 장치가 브랜드 아이덴터티 시스템BIS의 구축이라는 것까지 설명했다. BIS가 구축됐다면 기업은 이제 경영활동과 커뮤니케이션 차원에서 통일된 기준을 마련한 것이다.

이제 경영관리의 가장 중요한 축인 '일관성'을 확보함으로써 관리의 효율성을 담보할 수 있게 되었다. 그러나 이러한 일관성이 지나침으로 인해 발생될 수 있는 위험요소인 획일성과 경직성의 문제를 어떻게 해결해, 기업이 가져야 할 또 하나의 덕목인 '다양성과 창조성'을 확보 할 수 있는가 하는 문제가 남아 있다. 이제 이 문제에 대한 해결책을 찾아 보도록 하자.

같은 이야기를 하더라도 누가 하느냐? 어디서 하느냐? 어떤 자격으로 하느냐? 어떤 스토리를 입히느냐에 따라서 같은 이야기이지만 모두가 다른 느낌을 준다. 어떤 이야기는 감동을 주기도 하지만 어떤 이야기는 전혀 동의를 얻지 못한다.

"늘 겸손하고 늘 도전하라 Stay Foolish Stay Hungry!"
사실 이 말은 모두가 다 아는 흔한 말씀이다. 분명 좋은 말이지만 새로운 얘기도 아니고 크게 감동스럽지도 않다. 그러나 이 말이 스탠포드 대학의 졸업식에서 스티브 잡스의 입에서 나왔을 때, 모두가 숨을 죽이고 감동했다. 나 역시 졸업 축사 전문을 몇 번씩 들으며 감동했고 이렇게 살려고 다짐하고 노력하고 있다. 사실 따지고 보면 전혀 새로울 것 없는 이야기에 많은 사람들이 이 말을 듣고 감동했다. 그러나 내가 내 딸들에게 아무리 이 말을 해도 내 딸들은 나처럼 감동하지 않는 것 같다. 사실 잘 듣는 것 같지도 않다.

이것이 소위 맥락 효과다. 같은 이야기지만 누가 하느냐? 어떤 자리에서 하느냐? 그리고 어떤 스토리를 담느냐에 따라 그 효과는 달라진다. 대학을 중퇴하고 청강으로 그래픽 디자인을 배우고, 세계 최초로 PC를 만들고, 자기가 만든 기업에서 해고 당하고, 췌장암에서 살아나고 아이패드와 아이폰을 만든 사람이 말하는 "늘 겸손하고 늘 도전하라!"는 말은 분명 다른 느낌, 다른 감동으로 들릴 수밖에 없다.

마찬가지로 동일한 주제의 내용도 그것이 CEO 맥락에서 표현되는 커뮤니케이션인지, 제품 맥락에서 표현 되는 커뮤니케이션인지, 또는 유통 채널에서 표현되는 커뮤니케이션인지, 협력업체와의 대화에서 표현되는 커뮤니케이션인지, 인사 채용을 통해서 표현되는 커뮤니케이션 인지에 따라 얼마든지 다르고 새롭게 표현될 수 있으며, 미디언스에게는 새로운 느낌과 감동을 줄 수 있다. 이것이 컨텐츠 맥락에서의 다양성과 창조성이라는 것이다.

이와 같은 원리로 메시지를 커뮤니케이션하는 채널 역시 맥락 효과를 가지고 있다. TV 광고에서 보여지는 브랜드, 신문 기사에서 보여지는 브랜드, 거리에서 보여지는 브랜드, 그리고 전혀 기대치 않은 곳에서 만나는 브랜드에서 다른 느낌을 얻게 된다. 해외여행을 갔다가 한국 기업의 브랜드를 보면 국내에서와는 다른 감정을 얻게 될 것이다. 이것이 채널 즉 경로의 맥락효과에 의한 다양성이다.

사실 혁신이라는 브랜드 정체성은 많은 기업들이 추구하고 있는 가치관이다. GE도 그렇고 삼성도 그렇다. 그러나 현대카드는 이와 같은 혁신을 현대카드스럽게 풀어내고 있다. 그것이 'Science in Tiffany Box'다. 먹기 좋은 떡이 맛도 좋고, 멋진 디자인을 통해 감성에 만족하고 사용하면서 과학적 혜택에 공감과 만족을 또 한번 느낀다. 또한 이러한 혁신 그리고 First 정신은 사내 각 분야에서 다르게 나타난다. CEO는 트위터를 통해서, 사옥은 사옥의 디자인에서, 돈을 주고도 볼 수 없는 구경거리들인 슈퍼 매치와 슈퍼 콘서트, 말끔한 정장의 전문가가 가져다 주는 카드 등은 혁신이라는 정체성을 잘 보여주고 있으며, 현대카드 각 분야 직원들의 위치와 역할에 맞게 표현되어 다양성과 창조성을 보여주고 있다.

누구로부터 Source context effects
어떤 이야기로 Content Context
어떤 경로로 Channel Context 전달되느냐?
미디언스의 기분과 감정이 어떠냐? Mediance Mood Context

같은 메시지라 하더라도 누구로부터, 어떤 이야기로, 어떤 경로로 전달되느냐? 그리고 그때 미디언스의 기분과 감정이 어떠냐에 따라서 얼마든지 다양하고 창조성이 느껴지는 커뮤니케이션이 가능하다. 따라서 두 마리 토끼를 잡기 위해 중요한 것은 BIS를 얼마

만큼 전사적으로 실행하느냐 하는 것이다. 전사적으로 각 부서의 다양한 고유의 기능이 BIS의 방향성에 의해 표현 되어짐으로 인해 일관성과 더불어 다양성이 만들어 질 수 있다. 이는 곧 더 많은 부서가 BIS에 따라 움직여 질수록 일관성과 다양성은 더욱 커지게 되어 있다는 의미가 된다.

두 마리 토끼를 모두 잡을 수 있는 것이 가능한가?

커뮤니케이션 학자인 피스케John Fiske는 '매체의 담론 모형'을 제안한 바 있다. 그는 '미디어 텍스트는 청중의 생산물'이라는 주장을 펴며 담론 Discourse이란 개념을 소개했다. 그의 이론 중에는 매체텍스트의 다의성 polysemy이라는 말이 있는데, 같은 내용에 대해서도 수용자의 상황에 따라 다른 의미 틀 frame을 적용할 수 있는 열린 구조를 가진다는 것이다. 여기서 중요한 것은 이러한 다의성에도 불구하고 송신자와 수신자의 담론 사이에 상호 교집합이 존재 한다는 것이다. 다양하게 해석할 수 있는 여지가 충분히 있는 가운데 공통적인 해석이 존재한다고 이해하면 된다.

이 담론 모형은 다양한 표현과 다양한 미디어를 통해 청중에게 다양한 감성적 경험과 의미를 주면서도 결국은 브랜드가 목표한 의미와 공감대를 형성할 수 있다는 근거가 된다. 서로 다른 해석으로 인해 의도한 중심메시지 개념이 전달 되지 않을 수도 있다는 의문을 가질 수 있는데, 이는 의미 연상망 기억 이론Associative Network Memory Model 으로 해결이 가능하다.

이 이론에 의하면 청중의 머리 속에 이미 형성되어 있는 브랜드 지식 연상망에 근거해서 정보가 인지되고 해석됨에 따라 웬만큼 다양한 자극에 대해서는 기존에 형성된 브랜드 지식에 의해 해석하고 이해함으로써 이와 비슷한 의미로 받아들인다고 한다. '자라보고 놀란 가슴 솥뚜껑 보고도 놀란다'는 속담이 바로 이러한 의미라고 생각하면 이해 하기 쉬울 것이다. 물론 처음에는 중심개념을 머릿속에 주입하기 위해 일관성 있는 커뮤니케이션이 어느 정도 시행되어야 한다.

이러한 기본 이론을 활용한 대표적 마케팅 이론이 아커의 포지셔닝 전략이다. 아커는 브랜드 아이덴터티와 포지셔닝의 관계를 설명하는데 있어서 브랜드 아이덴터티는 시간과 장소에 따라 변화가 없는 개념이지만, 포지셔닝은 이러한 아이덴터티를 상황과 사회적 트렌드와 대상에 맞게 다양하게 표현하는 동태적인 메커니즘으로 설명하고 있다. 한 예로 아이보리 비누는 백 년이 넘는 동안 시장 상황과 경쟁 상황 그리고 소비자 욕구와 트렌드의 변화에 따라 다양한 주제로 포지셔닝을 시도했지만 그 다양함 속에서 아이보리 비누의 핵심 아이덴터티인 '순수함'을 잃지 않고 지속적으로 강화시켜 오고 있다.

일관성에 다양성 또는 창조성을 겸비하는 또 다른 방법은 통합 커뮤니케이션 그 자체라고 볼 수 있다. 다양하게 분화되어 가고 있는 커뮤니케이션 미디어와 각 전략 수준에 따른 다양한 내용이 일종의 미디어 원천 효과를 자아낸다는 이론들이 그 근거이다. (Unnava and Burnkrant 1991, Young and Bellaza 1982) 정보처리 과정에서 입력의 다양성Encoding Variability이 학습효과를 촉진하는 결과를 가져오는데, 이는 결국 다양한 형태의 정보입력은 정보인출 단서를 다양하게 만들어 정보인출과 정보접촉의 접근성Accessibility을 강화한다는 의미이다. 공부할 때 하나의 개념을 이해하기 위해 다양한 예를 학습하며 알게 된 개념은 그렇지 않은 경우 보다 훨씬 기억이 잘되고 오래 간다는 말이다.

추상성이 높은 연상일수록 이질적 커뮤니케이션 방법이 개념을 강화시키는데 더 큰 효과가 있다는 존슨Johnson, 1984의 이론은 핵심 아이덴터티를 중심으로 다양한 크리에이티브와 미디어 커뮤니케이션을 활용해 다양성과 창조성을 보여줌으로써 높은 일관성 효과와 시너지를 만들어 낸다는 것을 의미한다.

다양한 뉴미디어의 등장 또한 다양성과 창조성을 보완하는 유리한 환경을 만들었다. 달렌 ^Michael Dahlen, 2005 의 뉴미디어에 대한 효과 연구는 매우 흥미로운 결과를 보여준다. 메시지와 일치하는 개념의 크리에이티브 미디어의 경우 광고 주목성과 신뢰성, 태도는 물론 브랜드 태도에 대해서도 신문 등의 전통미디어보다 효과가 좋다는 결론이다. 핫소스의 매운맛을 알리기 위해 비슷한 색과 불이라는 연상을 이끌어내는 소화기에 광고를 하는 것이 신문광고보다 낫다는 것이다.

켈러는 다양성과 일관성이 지식 연상망 속에 있는 각각의 브랜드 연상과 연상들을 서로 강하게 연결하는 역할을 함으로써 더 강한 브랜드 자산 형성에 기여한다고 말하고 있다.

다양성과 창조성을 가지고 있다면 청중이 어떤 시간, 어떤 상황에 놓여 있는가에 따라 정서와 욕구에 맞추어 적합한 미디어를 통해 다르게 표현하면서 커뮤니케이션을 할 수 있다. 이는 '핵심 아이덴터티'에 대한 정보 전달에도 효과가 있지만, 더 중요한 것은 커뮤니케이션의 목적인 청중과의 브랜드 관계 형성에 매우 도움이 된다는 것이다. 이것이 핀과 그론루스 ^Finne, Gronross, 2009 의 '관계지향적 커뮤니케이션'에서 말하고 있는 가장 큰 장점이다.

결과적으로 BIS를 통해 만들어진 일관성을 다양성, 창조성을 통해 보여주는 것은 가능하며, 아울러 이것들이 성공적으로 조합되면 관계 및 브랜드 강화에도 높은 효과를 만들어 내기 때문에 다양성과 창조성은 반드시 잡아야 할 필수불가결한 조건이라 할 수 있다.

03.

감성경영을 위한 URL과 6가지 감성 코드 경영 도입

미디언스 시대에는 커뮤니케이션이 청중의 주의를 강제로 뺏는 것이 아니라, 그들이 자발적으로 브랜드의 커뮤니케이션을 보고, 주의를 집중하며 정서적 매력을 느끼도록 해야 한다. URL은 이러한 커뮤니케이션을 가능하게 하는 조건을 말한다. 일관된 메시지를 다양하게, 창조적으로 제공하기 위해 고민해야 하는 것들이다.

URL 조건:

Unexpected(예기치 못한 의외성)

Relevant(타당성)

Likable(좋아할 수밖에 없는 호감)

청중이 전혀 예상할 수 없게 하라. 그러나 수긍할 수 있도록 브랜드 아이덴터티와 일치하는 타당성을 가져야 하고 결과적으로 청중이 좋아하는 감정을 느끼도록 해야 한다. 이 조건들이 구체적으로 무엇을 의미하며 왜 필요한지 살펴 보도록 하자.

U – 의외성 Unexpected

의외성은 미디언스 시대의 커뮤니케이션에서, 감성을 불러 일으키는 충분조건의 하나로, 차별성, 독창성 그리고 새로움을 줌으로써 브랜드 커뮤니케이션에 대한 매력을 부여한다.

그런데 왜 예측하지 못하는 의외성을 보여야 할까?

가장 큰 이유는 커뮤니케이션이 간섭 되어서는 안되며, 고객의 자발적 노출과 주목을 받아야 한다는 것이다. 평범한 것, 이미 알고 있는 것, 익숙한 것에 주의를 기울일 만큼 청중은 한가하지도, 순진하지도 않다. 이 세상에는 청중의 눈과 귀를 유혹할 수 있는 새로운 것들이 넘쳐나고 있다. 과거의 방식처럼, 목적지에 가기 위해 할 수 없이 거쳐야 하는 길목에 위치한다는 이유만으로 청중이 우리의 목소리에 귀를 기울일 것이라고는 생각하지 말자. 그 길목에는 이미 수많은 경쟁자들이 목청을 높이고 있기에 귀를 기울여도 들리지 않는다.

　청중은 길을 가로막은 사람들이 무슨 이야기를 할 것인지 알고 있고, 자신이 가는 길을 막았다는 이유로도 충분히 짜증나고 화가 나 있으며, 어떻게 해야 하는지 그 대처 방법 또한 잘 알고 있다. 이때 청중의 주의를 자발적으로 이끌기 위해 필요한 것이 타당한 메시지를 예상하지 못한 방법으로 전달하는 것이다.

　여기서 주의할 것은 의외성 앞의 타당함이다. '이건 뭐지? 의외네.'라는 청중의 반응 다음에는 '아, 이거구나!' 할 수 있는 타당성이 있어야 한다. 처음부터 끝까지 의외이기만 한다면 이건 '황당'이 된다. 잠깐 주의를 끌 수는 있지만 청중들은 더 이상 관심을 가지지 않으며 그 브랜드에 대한 좋은 감정 또한 생기지 않는다.

　내가 생각하는 의외성의 좋은 예는 영화 〈식스센스The sixth Sense, 1999〉의 한 장면이다. 브루스 윌리스의 아내가 쇼파에 누워 잠을 자면서 남편이 평소 손에 끼고 있던 결혼 반지를 거실 마루에 떨어뜨리는 장면이 바로 그것이다. 영화 내내 이상한 행동을 하던 남편, 이상한 행동을 하던 아내의 모든 미스터리가 한 순간에 풀렸던 그 장면은 지금까지도 생생하게 기억에 남아 있다. 단 한번의 노출로 청중의 뇌리 속, 장기기억 장치에 십 년 이상 남아있는 것이다.

　성공한 광고들에도 우리는 이러한 의외성의 요소를 발견 할 수 있다. 2003년 12월 스카이 핸드폰 광고에는 차를 세우려는 미녀와 이

_____ 스카이 핸드폰 광고

를 지나치는 먼지가 잔뜩 낀 자동차가 등장한다. 그리고 '선명하지
않으면 볼 수 없다'는 문구가 나타난다. 이는 일종의 '반전'을 활용
한 설명 가능한 의외성의 좋은 예이다.

2009년 캐논의 '누가 찍어도' 광고의 경우 카메라 광고에는 절대
등장하지 않을 것 같은 초라한 시골 노인이 사진을 찍어 주는 모습
이 나타난다. 그리고 '진짜 소중한 사진의 대부분은 지나가던 누군
가가 찍게 된다.'는 말이 나온다. 충분히 설명 가능한 의외성이며 아
무나 찍어도 사진이 잘나온다는 품질 가치의 브랜드 타당성을 충분
히 살리고 있는 좋은 커뮤니케이션의 예이다. 카메라 광고에는 세련
된 연예인과 유명한 사진작가가 나오는 것이 일상적인데 갑자기 시골
노인이 등장하는 것은 의외성을 만드는 반전이며, 새로움이라는 것
도 알 수 있다.

2000년 SK텔레콤의 '수녀와 비구니편', 2009년 쿡QOOK의 '집 나
가면 개고생이다' 나 가장 기쁜 순간을 강조하기 위해 아내와 자녀
가 모두 연수를 떠난 후에 '올레'를 외치는 아빠의 모습을 만들어낸

_____ 캐논 카메라 광고

KT의 올레^{Olleh} 같은 광고들 역시 의외성을 적용해 만든 성공한 광고들인데 이들에게 적용되는 기법은 과장이다.

앞서 언급한 광고들의 예에서 보듯이 설명 가능한 의외성은 일반적인 의외성과는와 분명 다르며 이러한 의외성을 창조하는 방법은 반전, 새로움, 과장법 등이 있다.

R - 타당성 Relevant

기업 내 어떠한 커뮤니케이션도 고객의 상식과 일치해야 하며 더불어 BIS의 브랜드 가치, 개성과 일치해야 한다는 조건이다. 이것은 기본이다. 기업의 모든 경영활동은 BIS와 일치해야 한다. 직접적인 브랜드 커뮤니케이션 활동에 있어서도 그것이 어떤 식으로 표현되든, 전달하려는 메시지 또는 최종적으로 청중에게 기억시키려는 메시지는 BIS에 일치해야 한다. 그래야만 고객을 감동시키는 것으로만 끝나는 것이 아니라, 브랜드가 전달하려 하는 브랜드 가치를 고객에게 최종적으로 기억에 남게 만드는 목적이 달성된다.

타당성 조건은 커뮤니케이션 집행 차원에서 특히 주의해야 할 사항이다. 독창성과 차별성을 위한 아이디어에 지나치게 집중하다 보면 자칫 커뮤니케이션의 진짜 목적을 놓치게 되는 경우가 종종 벌어진다. 커뮤니케이션의 시작도 끝도 BIS와 합당하게 이루어져야 한다. 그렇지 않으면 커뮤니케이션에서는 사랑을 받지만 브랜드 커뮤니케이션에서는 실패하는 결과를 초래하게 된다.

광고의 내용은 기억나고 재미있게 즐겼지만 그 광고가 어떤 브랜드의 광고인지 모른다던가, 경쟁사의 광고로 오인하던가 아니면 그 광고의 내용이 브랜드와 어떤 연관이 있는지 이해 못하는 커뮤니케이션을 너무나 많이 보아왔다.

"어떤 광고들이 머리에 남아 있는가?"
"그 광고의 브랜드는 무엇이었나? 그 브랜드의 광고라고 확신하는가?"
"그 브랜드는 이 광고를 왜 했다고 생각하는가?"

지금 머릿속에 떠오르는 광고에 대해 위와 같이 질문해보자. 얼마나 확실히 대답할 수 있는가? 아마 자신 있게 답을 하지 못하는 경우가 더 많을 것이다. 심지어 기억에 남는 광고라 할지라도 그 광고의 주인공인 브랜드가 잘 기억나지 않고, 광고 내용에 대해 브랜드와 연결되어 생각하거나 느끼지 못하는 상황이라면, 일반적인 다른 광고 내용들은 이보다 더 심각한 상황일 수 있다. 커뮤니케이션이 타당성을 갖지 못하면 이런 오류에 빠지는 커뮤니케이션 실패는 계속 나타날 것이다.

브랜드 커뮤니케이션을 지속적으로 수행할 때 가장 고민하는 것은 '새로움'이다. 하나의 캠페인을 지속하다 보면 광고주나 대행사 모두 지속적으로 새로운 것을 보여 주어야 한다는 고민에 빠진다. 이러한 새로움은 반드시 필요하다. 하지만 새로움을 추구하다 보면 점차 브랜드 본연의 커뮤니케이션 목적에서 조금씩 멀어지는 결과를 초래하면서 브랜드 가치가 왜곡될 수 있다. 일관성을 잃어버리고 브랜드 의미가 왔다 갔다 하는 혼란만을 가져온다.

따라서 브랜드의 고유 가치에서 멀어지지 않도록 하는 닻의 역할이 필요한데, 이것이 바로 타당성이다. 이 타당성은 커뮤니케이션의 진정한 목적을 수행할 수 있도록, 브랜드 커뮤니케이션의 일관성을 유지하도록 하는 역할을 한다.

청중의 상식과 일치 하지 않는 메시지는 지각적 방어Perceptual Defense 현상으로 무시되거나 반박되기 때문에 커뮤니케이션 효과를 발휘할 수 없다. 또 타당성이 있어야만 의외성의 효과를 증대시킬 수 있다. 예기치 않은 새로움이 납득할 수 있는 것이라면 "아하! 기발한데!" 라는 반응이 나오겠지만, 설명되지 않는다면 "저거 뭐야! 어이없네!" 라는 반응이 나온다.

L - 호감Likability, 6가지 감성 코드

커뮤니케이션은 브랜드 아이덴터티와 일치하는 설명 가능한 메시지를 의외성으로 표현해야 한다고 하였다. 여기에 한가지 더해서 호감, 즉 좋아하는 감정을 유발 해야 한다. 타당하고 의외이긴 한데 호감을 이끌어 내지 못한다면 주목을 끌 수는 있지만 브랜드에 대한 긍정적 태도를 강화시켜 주지는 못한다.

베네통Beneton의 예를 보도록 하자. 베네통의 커뮤니케이션은 패션 제품 카테고리에서는 전혀 예측 할 수 없는 주제들, 에이즈 같은 질병, 또는 수녀를 성적sexual으로 표현하는 의외의 주제들을 다루고 있다. '파격적인 색상' '파격적인 디자인' '원초적 본능' 이라는 브랜드 아이덴터티와 어느 정도 맞고 설명 가능하긴 하지만 때로는 혐오스럽고 보기 민망한 장면도 있다. 호감을 주지는 못하고 있다는 것이다. 결국 베네통의 광고는 이슈를 만드는 데는 성공했지만 폭넓은 사랑을 받는데 성공했다고 보기는 힘들다. 타당성, 의외성과 더불어

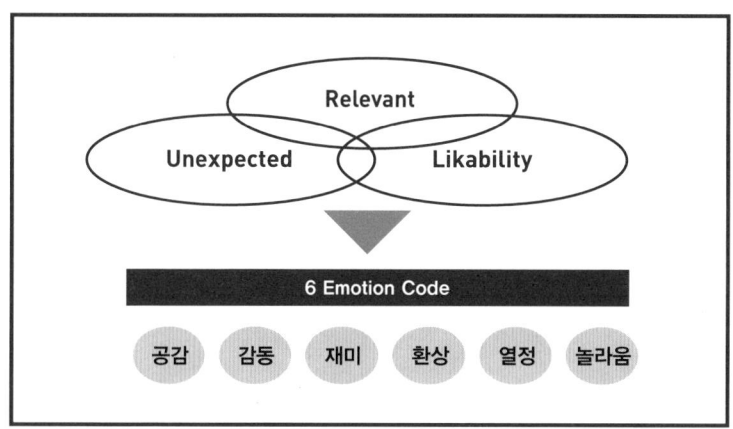

_____ URL과 6가지 감성코드

호감이 왜 필요한지를 보여주는 좋은 사례다.

호감은 브랜드에 대한 좋은 감정을 일으키는 것은 물론 커뮤니케이션의 노출효과와 더불어 기억효과를 높이는 효과도 있다. 사람들은 좋아하는 것은 자꾸 보고 싶어하는 성향이 있으며, 한번만 들어도 기억하고자 하고, 스스로 기억을 되살리려고 한다. 사람들이 스스로 기억하게 만들어 커뮤니케이션 효율성을 높이고, 커뮤니케이션의 궁극적 목적인 브랜드 태도를 강화시키는 역할이 바로 호감의 몫이다.

그렇다면 호감을 만들어 내는 방법은 어떤 것이 있을까?

사실 감성이란 너무 복잡 미묘한 것이기에 수학 공식처럼 언제 어디서 누구에게나 적용될 수 있는 보편 타당한 진리를 만들어 낸다는 것은 불가능한 일일 수도 있다. 단지 우리가 할 수 있는 것은 많은 가능성 중에, 특히 호감을 높일 수 있는 몇 가지 감성코드를 정리 해 보는 것이다.

참고로 이 결과는 TBWA의 광고효과 측정결과를 중심으로 소비자 반응을 연구한 것이다. 그 결과로 얻은 것이 지금부터 이야기할 6가지 감성 코드[6 emotion code]이다.

호감을 높일 수 있는 첫 번째 코드는 '공감[empathy]'이다.

인간은 이기적 존재이기에 맞던 틀리던 자기의 의견과 같은 것에 관심을 가지게 되며 좋아하는 성향을 보인다. 물론 자기와 연관된 것에 주의를 집중하게 된다.

사람들이 넘쳐나는 놀이공원에서도 엄마들은 자기 자녀의 울음 소리를 정확히 알아차린다. 이를 심리학에서는 자기 경계성[self vigilance]이라고 한다. 어느 TV 프로그램에 '100명에게 물었다' 코너가 있었는데 자기와 같은 생각이 나오면 모두가 "맞아! 맞아" 하고 즐거워하는 것을 볼 수 있었다. 이런 것들이 모두 공감에 해당된다.

2006년 SK텔레콤의 '생활의 중심'이라는 캠페인을 기억 할 것이다. 핸드폰을 거울로 사용하기도 하고, 남자 친구와 전화 할 때는 목소리가 바뀌고, 화상통화를 할 때는 긴 머리가 날리도록 선풍기를

_____ SK텔레콤 생활의 중심 캠페인

틀어놓고, 심심하면 계속해서 핸드폰을 열었다 닫는 행동들은 나만 그렇게 하는 줄 알았던 행동과 생각을 광고로 표현함으로써 청중의 공감을 받았다.

핸드폰을 사용하면서 경험하고 느낄 수 있는 소재들이 중심이 된 캠페인으로 많은 사람들의 사랑을 받았고, 한때 경쟁사에게 빼앗겼던 커뮤니케이션 주도권을 다시 가져올 수 있는 발판이 되었다.

이 밖에 '진짜 소중한 사진의 대부분은 지나가던 누군가가 찍게 된다.'는 캐논 광고와 e편한세상의 '진심이 짓는다' 캠페인 역시 공감이라는 코드로 커뮤니케이션에 성공한 캠페인들이라고 할 수 있다.

두 번째 감성 코드는 즐거움Fun이다. 즐거움이나 재미가 있다면 좋아한다는 것 역시 당연한 것이며 인간이 궁극적으로 추구하는 가장 원초적인 감성이다. 생리적으로도 가장 행복한 호르몬이 많이 나오는 감성 코드이기도 하다. 이 행복 호르몬과 연합된 브랜드는 매우 강력한 브랜드 빌딩 효과를 가져온다. 2002년 월드컵, 우리나라

_____ 돼지바 광고

와 이탈리아와의 경기 때 심판을 패러디 한 돼지바 광고는 지금 봐도
재미있는, 재미의 힘을 보여준 광고이다.

현대카드 W의 광고도 우리에게 즐거움을 주었다.
'아버지는 말하셨지 인생을 즐겨라!'
너무나 의외의 메시지로 시작하는 CM 송은 봐도 봐도 질리지 않
는 즐거움을 주었고, 현대카드 전체의 브랜드 이미지를 특이한 것에
서 매우 친근한 이미지로 만들어 놓았다.

세 번째의 감성코드는 감동Touching이다. 재미와 공감을 넘어 내면
에 자리잡고 있는 따뜻한 인간애를 느끼는 순간 우리는 감동을 느낄
수 있다. 영화나 예술작품에서도, 전율이 느껴지는 오케스트라의
음악을 들을 때도, 최선을 다하는 스포츠의 세계에서도 우리는 감

동을 느낄 수 있다. 올림픽에서의 김연아의 연기가 무사히 끝났을 때 모두들 느꼈던 그 감정이다.

우리에게는 좀 생소할 수 있는데, 아디다스의 'Impossible is nothing' 캠페인 중 남미의 한 소년이 등장하는 광고가 있다. 나는 이 광고를 백 번도 더 봤는데 그때마다 감동의 전율을 느낄 수 있었으며 수 차례 강의를 통해 확인해 본 결과 다른 사람들에게서도 역시 같은 반응을 볼 수 있었다. 남미의 가난한 소년이 길거리를 다니며 비닐봉지를 모은다. 부랑자가 무섭기도 하지만 그 옆에 놓인 비닐봉지를 줍기 위해 쭈뼛거리며 살금살금 다가간다. 그렇게 모아온 비닐더미는 소년에 의해 이래저래 엮이면서 마치 축구공처럼 된다. 소년은 그 공을 가지고 드리블 개인기를 연마한다.

'미래의 호나우두, 메시를 꿈꾸며……'

한편의 CF지만 보고 있으면 눈물이 난다. 그리고 이 감동은 자연스레 아디다스로 전이된다. 나이키 천하였던 스포츠 제품 시장에서 아디다스는 다시 그 존재감을 찾아가고 있으며 한국 아디다스 역시 사상 유래 없는 매출을 올리고 있다.

비틀즈의 'Let it be'가 잔잔히 흐르는 가운데 우리는 모두가 각자의 영웅이라고 말하는 SK텔레콤의 '사람을 향합니다' 캠페인도 진한 감동을 준다.

예술작품을 소재로 감동을 브랜드화 시킨 LG그룹 광고 또한 이

_____ SK텔레콤 사랑을 향합니다 캠페인

러한 원리를 활용하여 LG에 대한 따뜻한 인간미와 아름다움 그리
고 명품의 프리미엄 이미지를 전달하는데 성공했다.

다음의 감성 코드는 희망hope과 열정의 감성을 들 수 있다. 2002
년 전국민을 하나로 만든 SK텔레콤의 '붉은 악마' 캠페인이 대표적
이다.

이 캠페인의 경우 국민을 대상으로 가르치고 특정 동작과 노래를
따라 하도록 만든 유일한 캠페인으로 기억되는데, 사실 광고에서 소
비자를 가르치는 시도는 매우 위험한 시도로 웬만해선 권하지 않는
전술이다. 그러나 이 캠페인이 성공할 수 있었던 유일한 이유는 '승
리'라는 온 국민의 절실한 바램과 공감과 이에 따른 열정이 온 국민
에게 공유되었기 때문이다.

다섯 번째 감성 코드는 환상fantasy이다. 꿈의 세상을 만날 수 있거

나 내가 추구하던 멋진 나를 발견할 수 있다면 광고에 대한 몰입 효과는 높아질 것이며, 좋은 감정은 그대로 브랜드로 전이될 수 있다.

환상을 주는 커뮤니케이션의 대표적인 경우로 나는 오래된 광고이긴 하지만 마몽드 화장품의 '산소 같은 여자'를 뽑고 싶다. 그 카피는 당시 모든 여자들이 원하는 아름다움을 정의해 줌으로써 모든 여성들이 추구하는 미의 기준이 되었다. 심지어 남자들에게도 이상적인 여자에 대한 기준을 그려주었다. 이 광고로 당시 마몽드는 화장품 최고의 브랜드로 자리잡았으며, 모델이었던 이영애 씨에게는 신비감을 선물해 준 커뮤니케이션이었다.

2009년 제네시스 쿠페 광고 또한 환상적이다.

하얀 눈 먼지를 일으키며 미끄러지는 쿠페.

그리고 카피 "가슴이 뛴다. 그렇지 않다면 어리거나 혹은 이미 심장이 멎었거나……."

이 광고 역시 브랜드에 대한 충분한 환상을 심어주고 있다.

마지막 감성 코드는 호기심 curiosity 이다. 호기심은 관심 또는 흥미와 비슷한 의미이다.

좋아하지 않는 것에는 관심도 흥미도 없다. 물론 관심과 흥미가 있다고 꼭 좋아한다고 말할 수는 없지만 좋아하는 것은 반드시 관심이 있다고 말할 수 있다.

일반적으로 호기심은 신제품이나 새로운 브랜드의 런칭에 주로 활용되지만, 기존브랜드의 경우도 브랜드가 계속해서 생명력을 키워 나아가기 위해서는 청중에게 지속적으로 새로움과 호기심을 유발해야 한다는 측면에서 호기심 코드는 매우 중요하다.

니싼이 콰시콰이라는 SUV를 유럽 시장에 런칭할 때 호기심 코드는 매우 강력한 힘을 발휘 했다. 니싼은 미국시장에서는 많이 알려진 일본 브랜드지만 유럽시장에서는 생소한 브랜드였다. 따라서 콰시콰이의 최대 목적은 도시형 SUV라는 브랜드 개념을 알리고 선호하도록 만드는 것이었다.

콰시콰이는 도심을 주행하다 만날 수 있는 도로 공사나 막히는 길 등 거친 상황에서도 최고의 성능을 발휘한다는 것을 강조하기 위해 충격적인 자동차 영상을 만들어 UCC에 배포했다. 자동차가 보드 점프대를 타고 공중으로 올라가 멋진 회전을 하거나, 천정까지 벽을 타고 올라가 한 바퀴 돌고 내려오는 장면을 매우 사실처럼 촬영하여

_____ 콰시콰이 묘기 영상

UCC에 올렸으며 마치 이것이 사실인 것처럼 화면 속에 있는 장치들과 자동차가 시내 곳곳을 돌아 다녔다. 이 영상은 과연 실제인지, 아니면 조작인지를 궁금해하는 젊은이들의 뜨거운 반응을 만들어 냈다. 사람들은 이 동영상이 사실인지 아닌지를 인터넷 상에서 갑론을박 하였으며, 어떤 사람은 자신의 차로 이와 비슷한 묘기를 연출하는 등 점점 더 관심을 보였다.

콰시콰이는 또 www.qashqaicargames.com 사이트를 만들어 이차의 타깃층인 젊은이들을 유인했다. 이로 인해 니싼은 생소한 유럽 땅에 자연스럽게 발을 디뎠으며, 당시 이 차의 1년 매출 목표를 불과 두 달 만에 돌파했다.

우리나라에서 이러한 호기심으로 성공한 브랜드는 2000년 초반 SK텔레콤의 '준', Qook의 '집 나가면 개고생이다', KT의 '올레' 등을 들 수 있다.

URL과 6가지 감성 코드의 활용과 의미

성공적인 커뮤니케이션 경영을 위해서는 청중을 몰입시켜야 한다.

구슬이 서 말이라도 꿰어야 보배라는 말이 있다. 아무리 좋은 내용과 가치를 가지고 있는 브랜드 정체성이라도 고객의 기억에 남아야만 커뮤니케이션 경영이 의도하는 목표를 완성 할 수 있다. 고객의 머리 속에 브랜드를 각인시키는 방법은 두 가지다.

첫 번째는 세뇌brain washing 라는 방법이다. 반복적인 노출을 통해 강제로 밀어 넣는 것을 말한다. 이는 분명 효과가 있는 방법이다. 청중이 듣던 말던, 좋아하던 말던 반복적으로 듣다 보면 무의식적으로 기억할 수밖에 없다. 또 사실 익숙한 것에 더 호감을 표하기도 한다. 이것을 단순 노출 효과라고 한다.

그러나 문제는 효율성이다. 즉, 돈이 많이 들어간다. 따라서 이 방법보다 효율적인 방법을 찾아야 하는데 그것은 청중이 자발적으로 들어 주고, 기억해주고, 구슬을 꿰는 노력을 하도록 만드는 것이다. 소위 자발적인 반복 학습을 만들어야 하는데, 이때 가장 좋은 방법이 커뮤니케이션을 즐기도록 하는 것이다.

이것을 가능하게 만드는 구체적 조건이 바로 URL이다. URL은 커뮤니케이션 경영의 중심인 BIS를 통해 만들어낸 타당한 메시지를, 예상치 않은 방법으로 차별화시켜 청중의 공감, 즐거움, 감동, 환상, 열정, 호기심을 자극하여 청중 스스로가 커뮤니케이션에 몰입하고 즐기도록 하면서 자연스럽게 브랜드를 기억하게 만드는 방법이다.

커뮤니케이션 크리에이티브를 창조할 때는 물론 커뮤니케이션을 선택하고 수정하는 리뷰 시에도 URL은 그 기준이 되어야 한다. 오랜 기간 광고대행사에서 일하면서 느낀 점이기도 한데, 광고나 홍보를 평가하고 선택해야 하는 리뷰어, 즉 마케터가 평가기준이 없거나 서로 다른 관점을 가지고 있어서 매우 비효율적인 회의를 하는 것을 많이 보았다. URL 기준이 이러한 비효율성을 없애는데 도움이 되길 바란다.

이제 우리는 미디언스 시대의 BIS 커뮤니케이션 경영에 대한 종합적 그림을 그릴 수 있게 되었다. 커뮤니케이션 경영은 BIS를 기준으로 전체 경영활동이 체계적으로 이루어지도록 하며, 이러한 경영활동의 성과를 고객, 내부 구성원, 주주 등의 이해관계자에게 공감과 재미, 감동과 환상, 열정과 호기심이라는 감성적 가치를 통해 전달함으로써 고객으로부터 사랑 받는 브랜드가 되는 것이다.

BIS에 의한 경영활동의 일관성을 만들고, URL과 6가지 감성 코드를 통해 혁신적인 모습을 보여주는 멋진 브랜드가 많이 탄생하길 바란다.

5부

IBC 경영을 위한 조직 구축

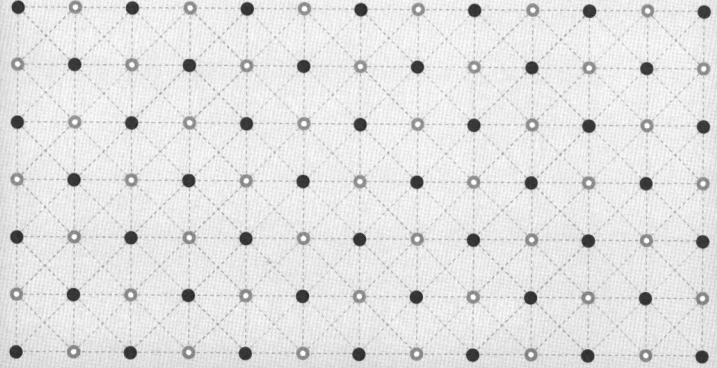

●

지금까지가 IBC 경영의 필요성과 방법에 대해 이해하는 내용이었다면,
이제 어떻게 구축할 것인가에 대한 이야기를 나눠야 할 차례다.
간단하게 되짚어 보고 효과적인 BIS의 구축과 IBC 경영의 실행을 위한
조직 구축에 대해 알아보자.

01. 지금까지의 정리

현재 그리고 앞으로의 미래에서 가장 중요한 포인트는 정보의 민주화이다. 이 시대는 인터넷과 Web 2.0 그리고 모발일 기기를 통해 나타난 SNS등으로 인해 청중이 더 이상 일방적인 정보 수신자가 아니라 정보를 재해석하고 새로운 정보를 부가하여 송신하는 정보창조 및 전달자로서의 미디어가 된다는 것을 의미한다. 미디언스 시대가 온 것이다. 우리 나라도 이미 미디언스 시대에 돌입해 있다.

이들은 앞장서려는 성향이 강하며, 실행력에 있어서 일반인보다 다섯 배가 더 높은 사람들이다. 국민의 몇 퍼센트가 SNS를 활용하느냐가 중요한 것이 아니라, 현실 참여와 의견 주도라는 측면에서 매우 중요한 사람들이 나타났다는 것이다.

게다가 이들은 공인으로서의 미디어가 아니라 개인으로서의 사적인 미디어 성격을 띠고 있다. 그들은 객관적 정보를 내보내는 것이 아니라 감성과 태도 또는 과장이 섞인 드라마로 정보를 실어 나를 수 있는 미디어다.

이 미디언스들이 사람들의 관심을 집중시키고, 이것이 다시 전통적 매스미디어로 연결되는 시대에서, 더 이상 기업은 정보를 통제할 수 없다.

정보의 장벽 또한 완전히 무너져 고객과 대중을 구분하는 시도도 무의미해져 가고 있다. 따라서 모두에게 좋은 관계를 구축해야 하며, 이를 위해서는 기업의 모든 활동에 진정성과 신뢰성을 담아야 한다. 브랜드의 총체적 인격Brand Integrity을 만들고 관리해야 한다는 것이다.

이는 기존의 마케팅 4P의 관리, 평판 관리나 IR 등의 어느 한가지만 가지고는 달성하기 힘든 목표이다. 결국 기업의 모든 경영 활동과 모든 관리대상과의 접촉을 컨텐츠로 보고 사전에 통합적, 전략적으로 관리해야 한다.

커뮤니케이션의 관리가 마케팅 차원이 아니라 경영전략 차원에서 포괄적으로 다루어져야 한다는 의미이다.

IBC 경영의 특징

미디언스 시대에는 모든 경영 활동이 빠르게 전파되고 이를 컨트롤 할 수 없기에, 최고경영자가 최고경영전략 차원 또는 전사적 경영 관리 차원에서 커뮤니케이션을 관리해야 한다.

커뮤니케이션 관리의 대상 또한 고객에 한정되는 것이 아니라 종업원, 협력사, 주주를 비롯한 모든 이해관계자와 일반 대중들로 확대해야 한다. 이는 곧 그들과의 장기적이고도 우호적인 관계를 구축하기 위해 사회적 가치를 창출해야 함을 의미한다.

이러한 전사적 차원의 커뮤니케이션 관리를 위해서는 무엇을 중심으로 통합할 것인가 하는 기준이 필요하다. 이 기준이 바로 브랜드 정체성이며 이를 위한 시스템이 BIS이다.

브랜드 정체성은 기업의 행동에 대해 일관성이라는 선물을 가져다 준다. 다만 이 때 획일화 되는 폐단이 있을 수도 있는데, 이는 기업 전반에 걸친 고유 영역에서 나오는 브랜드 행동의 맥락효과에 의해 다양성과 창조성이 만들어짐으로써 해결 된다. 이처럼 효율성과 창조성의 두 마리 토끼를 모두 잡을 수 있는 것이 BIS에 의한 IBC 경영의 특징이다.

또한 매스미디어와 달리 미디언스는 사람이며 감정을 갖고 있기에 감정이 담긴 편향된 정보전달을 할 가능성이 높다. 따라서 그 어느 때보다 감성을 잡는 커뮤니케이션이 중요하다. 따라서 감성을 사로 잡는 경영을 위해 URL법칙과 6가지 감성 코드를 제시했다.

IBC 경영 Snap Shot

앞에서 설명한 모든 것들을 종합하여 IBC 경영을 한눈에 볼 수 있도록 도식화 하면 다음 그림과 같다.

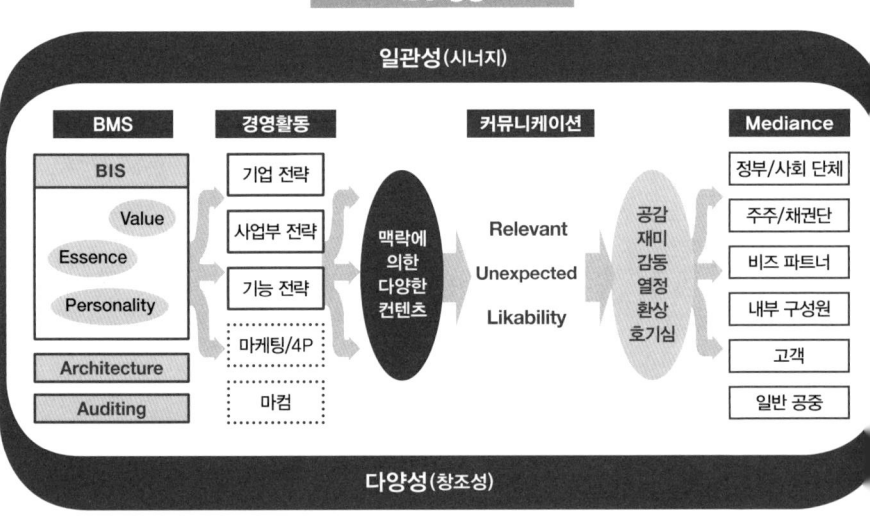

_____ IBC 경영

우선은 BIS를 경영기준의 잣대로 삼아 기업전략부터 마케팅 커뮤니케이션 전략에 이르는 기업의 모든 경영전략을 관리하여 일관성에 의한 시너지를 창출하는 것이 필요하다. 이렇게 만들어진 기업 내 각 부서의 컨텐츠들은 부서고유의 기능에 의한 맥락효과와 감성을 자극하는 URL 과 6가지 감성 코드를 활용해 다양하고 창조적인 커뮤니케이션이 이루어져 미디언스와의 관계가 지속 강화된다.

　결과적으로 IBC 경영은 평생 고객 가치를 증가시켜 100년 기업으로 나아가는 것이다.

02.

IBC 경영의 기대 효과

IBC 경영은 미디언스 시대의 기업의 생존 전략이다

IBC 경영은 기업의 모든 비즈니스 행위에 대해 어떤 커뮤니케이션 효과를 갖게 되는가, 브랜드 정체성과 일치하는가를 중심으로 의사 결정을 하는 경영 방식이다. 이와 같은 IBC 경영으로 인한 기업이 기대할 수 있는 효과를 다음과 같다.

우선 무엇보다도 기업이 의도하지 않은 위험을 최소한으로 줄일 수 있다. 앞에서 언급한 바와 같이 미디언스 시대는 제품의 질보다 더 중요한 것이 브랜드의 총체적 인격Brand Integrity이다. 기업의 모든 활동에 대해 커뮤니케이션의 사전 관리가 없다면 의도하지 않은 커뮤니케이션 효과의 발생과 더불어 걷잡을 수 없는 확산으로 인해 기업과 브랜드가 치명적인 타격을 입을 수 있다.

둘째로 브랜드 빌딩의 효율성이 매우 커질 수 있다. 기업의 모든 행동과 산출되는 컨텐츠가 브랜드 정체성과 일치하게 되면, 기업이 목표로 하는 브랜드 빌딩과 비전을 사회 전반에 인식시키는 것이 매우 효과적으로 수행된다. 또한 사내적으로도 모든 구성원이 어떤 의사결정을 해야 하는지 그 기준을 분명히 알고 있으며, 자신들이 어떤 가치를 만들고 미래에 어떤 모습을 만들어 가야 하는지에 대한 분명한 로드맵이 그려진다. 그로 인한 업무의 효율성과 훌륭한 조직 문화도 만들어진다. 조직원의 상식이 조직의 비전, 가치와 일치함으로 인해 얻을 수 있는 장점은 무궁무진할 것이다.

한편 IBC 경영은 브랜드 정체성이라는 이성적 기준과 더불어 각각의 행동에 대한 표현의 자율성을 보장하고 있기에 개별 전략(인사, 재무, 합병, CEO, 마케팅) 내에서의 고유한 활동과 컨텐츠를 만들어냄으로써 다양성과 창조성을 보여줄 수 있다. 따라서 IBC 경영은 효율적 경영뿐만이 아니라 창조적인 경영을 가능하게 한다. 이것이 IBC 경영의 세 번째 기대효과라고 할 수 있다.

이러한 효과는 앞서 보았던 현대카드의 사례를 보면 잘 이해할 수 있다. 카드시장의 후발 주자였지만 런칭 일년 후 현대카드는 양적(사용자수)으로나 질적(사용점유율)으로 모두 급속도로 발전하여 기존의 시장 주도자들을 위협하며 현재 선두경쟁을 벌이고 있다. 현대카드의 성공은 IBC 경영의 전형적인 성공사례이다.

현대카드 브랜드 커뮤니케이션의 핵심 키워드는 '지속적인 변화와 프리미엄'으로 요약할 수 있다. 현대카드는 런칭 초기부터 마케팅 커뮤니케이션 차원인 TV 광고를 통해 이러한 브랜드 커뮤니케이션을 충실하게 수행해, 대중의 주목과 관심을 받아 인지적 존재감을 확보했다. 마케팅 프로그램 차원에서도 이미 이러한 커뮤니케이션을 준비하고 있었다. 차 살 때 200만원 혜택, 높은 카드 마일리지, 프리미엄 레스토랑의 할인 서비스, 특급 호텔 발레 서비스 등의 실질적 카드 서비스는 물론 미니카드나 투명카드, 유명 디자이너를 통한 혁신적인 카드 디자인 등 주변적 제품요소에 이르기까지도 모두가 '지속적인 변화와 프리미엄'이라는 커뮤니케이션을 만들어 내고 있었다.

또한 슈퍼매치, 슈퍼콘서트 등의 사회적 행동에서도 역시 차별화된 모습을 보여 주었는데, 더 중요한 것은 이러한 행사를 집행하는 현대카드의 철학과 행동이다. 현대카드가 만약 거래를 중시했다면 행사에 참여한 고객들에게 기업이 보유한 다양한 상품을 알리고 판매할 수 있는 좋은 기회라 여겼을 것이다. 그러나 현대카드는 지금까지의 다른 기업들과는 달리, 브랜드 커뮤니케이션의 일관성을 약화시키거나 흐트러트릴 수 있는 일체의 상품 광고나 영업 활동을 제한하였다.

홈페이지나 사옥 인테리어에서도 브랜드 개념을 통일되고 일관성 있게 전달하고 있으며, 일반적인 경영 측면에서도 마찬가지이다. 그 한가지 예로 현대카드는 그룹 계열사 중에 광고대행사가 있음에도 불구하고 매년 수 차례의 경쟁 프레젠테이션을 통해 브랜드의 개념을 가장 잘 전달하는 광고회사를 선정하고 있다. 최고의 파트너를 찾아 브랜드가 추구하는 개념을 충실히 전달하고자 하는 노력이라 할 수 있겠다.

경영의 과정과 결과라는 측면에서, 광고를 중심으로 한 마케팅 커뮤니케이션 차원 부터 마케팅 프로그램 차원까지, 그리고 그 이상의 경영 관리 차원에 이르기까지, 현대카드는 모든 영역에서 매우 조직적이고 일관성 있는 경영을 해왔으며, 지금도 계속되고 있다.

현대카드는 이와 같은 IBC 경영 마인드가 전사적으로 조직적이고 체계적이며 강력하게 심어져 있고, 행동으로 옮겨지고 있다.

현대카드의 성공은 IBC 경영의 성과이며, 이러한 IBC 경영이 브랜드 중심 경영, 관계 중심 경영, IMC까지도 더욱 효과적으로 실행되도록 만들므로 인해 더 큰 성과를 낼 수 있도록 추진하는 터보 엔진의 역할을 한다는 증거이다.

경영진이 브랜드 정체성 확립에 관심을 가지면 IMC 자산 구축에도 좋은 결과를 가져온다는 것은 학계에서도 여러 논문을 통해 뒷받침하고 있다. (Claire Stammerjohan, " Integrated Marketing Communication and Brand Identity as Critical components of Brand Equity Strategy", Journal of Advertising, 2005)

  마지막으로 IBC 경영에 의한 결과물은 인간의 이성뿐만 아니라 인간의 감성을 자극하고, 미디언스와의 커뮤니케이션 효과를 극대화 할 수 있다. 여기서 커뮤니케이션 효과라는 것은 주목과 기억, 그리고 태도 변화 와 더불어 상호 인터액션 까지를 모두 의미한다.

  IBC 경영의 최종 목적은 미디언스 시대가 요구하는 좋은 제품을 만드는 기업, 브랜드를 넘어서 사회를 이끌어 나가고, 바람직한 가치를 제시해 존경 받는 리더로서의 관계를 구축해 나아가는 것이다. 미국의 페디그리가 그것을 이뤄가고 있으며 e편한세상 역시 좋은 아파트를 넘어 이 사회에 진심이라는 화두를 던지며 좋은 아파트를 만드는 브랜드에서 존경 받는 브랜드, 존경 받는 기업으로 발전해 나가고 있다.

03.

IBC 경영 실현을 위한
조직 설계

기업 내 조직의 정당성은 기본적인 조건이 충족되어야 한다. 우선은 책임이 분명해야 한다. 책임이 분명하지 않은 조직은 조직으로서의 독립성과 정당성을 유지할 수 없다. 책임 수행을 위한 권한이 필요한 것도 또한 당연하다. 그렇다면 IBC 경영을 위해서 조직이 수행해야 할 핵심적인 책임과 권한이 무엇인지 살펴보도록 하자.

IBC 조직의 책임과 권한

IBC 경영 컨트롤타워Control Tower의 책임과 권한을 크게 다섯 가지로 생각해 볼 수 있다. 첫 번째 책임은 너무나 당연하지만 가장 우선적인 것으로 IBC 경영을 위한 BIS 체계를 구축하는 일이다. 또한 구축된 BIS 체계에 대한 교육과 훈련에 대한 책임이 뒤따른다. 내부 구성원들이 IBC 경영의 목적과 의미에 대한 이해는 물론, 활용 방법에 대해서도 완벽하게 공유해야 하며, 무엇보다도 어떤 문제와 직면할 때 BIS 체계를 자동적으로 떠올려 문제를 해결하는데 활용하는 이른바 '습관적 사고화'를 만들어야 한다. 이것이 두 번째 책임이자 권한이다.

습관적 사고를 통해 내부 구성원 모두가 크던 작던 모든 의사결정 기준을 BIS 체계에 맞추고, 또 그것이 자연스럽게 받아들여짐으로 인해 일종의 의사결정 문화로 정착하는 것이 중요하다.

IBC의 성공은 BIS의 구축과 문화로의 정착이라는 과업을 얼마나 잘 수행하느냐에 달려 있다. 구축 단계까지는 잘 진행될 수 있으나 습관적 사고화 단계까지 가지 못하고 흐지부지 되는 경우가 많다. 따라서 문화 정착을 위한 교육과 훈련의 반복은 매우 중요하다.

세 번째 책임은 '의사결정 위원회'의 역할을 수행하는데 있다. 기본적으로 모든 의사결정은 현업에서 BIS 체계에 의해 이루어지는 것이 원칙이지만, 중요한 의사결정이거나 현업에서 결정하기 힘든 사항에 대해서는 최종적으로 판단을 내려주는 역할을 해야 한다.

네번째 책임과 권한은 커뮤니케이션 예산에 대한 통제와 분배권한이다. 이는 현실적으로 매우 중요한 부분으로서 마찰의 소지가 매우 큰 민감한 부분인데 이를 해결하기 위해서는 개별 부서의 예산사용권과 중앙의 통제권에 있어서 적절한 균형이 중요하다.

특히 컨트롤타워가 개입되어야 하는 부분은 전사적으로 반드시 필요하지만 어느 누구에 속해 있지 않은 공통영역과 사각지대에 대한 커뮤니케이션 과 회사 전반에 걸친 커뮤니케이션 우선 순위의 조정 등에서 특히 컨트롤 타워의 역할이 중요하다

마지막으로 통제의 책임과 권한이 있어야 한다.

우선은 IBC 경영 측면에서의 경영 모니터링이 필요하다. 이는 현업의 모든 활동이 BIS에 근거해 진행되고 있는지를 모니터링하고 그렇지 않은 경우 이를 바로 잡아야 하는 업무다. 이는 실로 중요한 책임이며 이를 수행하기 위해서는 막강한 권한 또한 주어져야 한다.

다음은 브랜드 감사Auditing로 각 브랜드에 대한 성과를 측정하고, 문제를 발견하고, 그 결과를 바탕으로 개선할 수 있도록 통제하는 역할이다.

통제에서 가장 중요한 마지막 책임과 권한은 인사평가다. BIS 실행 목표에 얼마나 기여 했는가를 평가해 이를 인사에 반영하도록 만드는 책임을 가지고 있다. 이러한 인사 평가 반영은 IBC가 원활하고 빠르게 조직문화로 수용되기 위해서 매우 중요한 역할을 한다.

기존 브랜드 관리 위원회와의 차이는?

IBC 컨트롤타워가 브랜드 정체성 제정과 교육의 책임을 지고 있다는 면에서 기존의 일부 대기업의 브랜드 관리 위원회와 흡사한 역할을 하는 면도 있지만, 근본적인 차이는 IBC 컨트롤 타워는 경영적인 역할을 한다는 측면이다.

예를 들어 브랜드 관리 위원회는 브랜드의 올바른 사용 같은 브랜드 Visual Identity 관리나 신제품에 마스터 브랜드를 사용해도 되는 지 여부를 판단해 주는 브랜드 활용 관련 의사결정, 그리고 서브 브랜드를 조합하는 브랜드 사용체계Brand Architecture 같이 브랜드 자체의 활용에 초점이 맞추어져 있다. 그러나 IBC 컨트롤 타워는 이러한 일들은 물론, 경영 행위 그 자체를 관리하는 데 보다 초점이 가 있다. 따라서 업무의 책임과 권한이 훨씬 크다고 볼 수 있다. 어찌 보면 기존의 브랜드 관리 위원회와 경영기획실의 역할을 혼합한 것이라고 생각할 수 있다.

IBC 조직의 책임에
홍보와 광고 집행 기능은 왜 빠져 있는가?

IBC 조직의 기본 책임과 권한은 BIS 구축, 교육과 훈련, 의사결정 위원회, 예산 조정, 모니터링, 브랜드 감사, 그리고 평가라는 기능으로 이루어져 있다. 여기서 이상하게 생각할 수 있는 부분은 직접적인 커뮤니케이션 기능, 예를 들어 홍보나 광고 등의 업무가 빠져 있다는 것이다.

IBC에서 커뮤니케이션에 대한 정의는 광고나 홍보와 같은 소극적 의미에서의 커뮤니케이션을 정의하는 것이 아니라 '모든 경영활동이 곧 커뮤니케이션이며 이는 브랜드를 통해 궁극적으로 이루어진다.'는 광의의 정의를 내리고 있다. 따라서 IBC관리는 광고 홍보의 의미를 넘어 '브랜드 커뮤니케이션 측면에서의 경영 전반에 걸친 관리'의 의미가 강하다. 이러한 관점은 IBC가 제품을 직접 만들거나 유통을 하거나 마케팅 영업을 직접적으로 수행하지 않지만 BIS를 통해 간접적으로 통제하듯이, 광고 홍보 같은 직접적 커뮤니케이션 활동 역시 직접 관할하지 않는다는 것이다. 보다 극단적으로 말하면 기업의 경영활동을, 커뮤니케이션을 창조하는 모든 직능 활동과 이를 IBC 관점에서 안내하고 관리하는 경영활동으로 이원화해야 한다는 것이다.

물론 조직의 상황에 따라 광고 홍보 활동을 직접 수행할 수 도 있고, 일반적인 경영관리나 경영기획 업무를 포함해 진행할 수도 있지만 이는 기본적인 IBC 조직의 업무가 아닌 조직의 특성에 따른 특별한 형태로 보는 것이 타당하다. IBC 조직이 홍보나 광고 업무를 수행할 것인지, 아니면 컨트롤타워 업무만을 수행하게 할 것인지는 업무를 실제로 수행할 조직의 능력과 제반 상황에 따라 현실적으로 결정할 수 있다.

일반적으로 보면 브랜드 관리 업무를 보통 홍보실이나 광고팀, 또는 마케팅 팀이나 개별 브랜드의 브랜드 메니저 단계에서 실행하는 것을 많이 볼 수 있는데, 이는 브랜드 개념을 매우 협소하게 해석해서 나온 결과이다. 따라서 브랜드 경영보다 더 큰 개념이라 할 수 있는 IBC 경영을 기존의 행태와 같이 홍보나 마케팅 같은 단일 부서에서 실행하는 것은 그 효과를 제대로 내기 힘든 구조라고 보여진다.

IBC 조직의 두 가지 유형

IBC 조직의 기본 책임을 보면 BIS 체계 수립과 교육 훈련이라는 전문적, 기능적인 업무에서 의사결정 위원회의 운영 및 IBC 경영의 실제 통제 기능이라는 매우 높은 수준의 책임까지를 모두 포함하고 있다.

이러한 책임을 수행하고, IBC가 효과적으로 수행되기 위해서는 이에 상응하는 막강한 권한이 주어져야 한다. 이러한 면에서 볼 때 IBC를 수행하기 위해 가장 이상적인 조직은 CEO다. CEO가 전권을 수행하든, 아니면 부분적으로 수행하든 CEO의 개입은 필수다. 실제로 IBC가 잘 된다고 보여지는 조직들은 CEO가 전면에 나서서 직접 관리하는 조직이다. 기업의 모든 활동을 브랜드 커뮤니케이션에 초점을 맞추어 관리하기 위해서는 전사적인 통제 권한이 필요할 수밖에 없기 때문이다. 현대카드 같은 경우가 대표적인 사례. 현대카드는 IBC 경영이라는 용어를 직접적으로 사용하고 있지는 않지만 이 책에서 말하는 IBC 개념을 가장 근접하게 실행하는 조직이며, 그로 인한 열매를 가장 많이 수확하고 있는 조직이다. 이러한 현대카드의 IBC 조직 책임과 권한은 사실상 CEO에게 있다고 보여진다. 현대카드는 CEO의 확고한 IBC 철학과 이를 뒷받침하는 막강한 권한을 가지고 전사적인 일관성을 꾸준히 실행해 나아가고 있으며 그에 따라 시장 위치도 꾸준히 상승하고 있다. e편한세상이나 애플도 마찬가지이다.

그렇다고 IBC를 수행하기 위해 반드시 현대카드 같은 조직이 되어야 한다는 의미는 아니다. 보통 전문경영인 체제의 경우 이와 같은 전권을 가지고 일을 처리하는 것은 일반적이지 않으며, 모든 경영활동이 그러하듯이 CEO가 모든 일을 처리할 수도 없다. 또한 전문경영인 체제에서는 사람이 바뀜에 따라 그동안 지켜왔던 노선이 바뀌는 혼선의 위험도 높을 수 있다.

따라서 IBC 경영의 또 다른 형태로 CEO 전권형과 반대되는, BIS에 의한 자율 관리 형 조직을 생각해 볼 수 있다. 이는 내부 구성원들이 BIS를 충분히 숙지하고 몸에 체득하여 일종의 조직 문화화 됨으로써 모든 의사결정을 자동적이고 자율적으로 수행해 나가는 자율 체제이다. 이런 상황이라면 브랜드 감사 기능 조직만 있어도 충분할 것이다.

사실 이러한 자율 체계가 가장 이상적이라고 할 수 있다. IBC의 일사 분란함과 더불어 창조성이 동시에 실현될 수 있기 때문이다. 하지만 이런 자율 체계가 처음부터 이루어질 수는 없다. 자율 조직이 되기 위해서는 구성원의 상식과 문화가 브랜드 정체성과 일치하느냐

	장점	단점
CEO 주도형	강한 추진력 빠른 효과	획일적/창의성 결여 CEO 교체시 혼란
BIS에 의한 자율형	일관성과 창의성 병존 문화화되어 안정적으로 지속	효과가 발생할 때까지 꽤 오랜 시간의 교육과 적절한 보상 등 투자 필요

_____ IBC 조직 형태별 장단점

가 매우 중요하다.

결국 초기에는 CEO가 강하게 추진하고 그 후 이것이 조직 구성원의 몸에 익어 의사결정 기준이 무의식적으로 BIS와 일치하는 상황에 이르면 자율적인 IBC 경영체계가 시작된다고 할 수 있다.

앞에서 언급한 두 가지 형태의 IBC 조직은 모두가 장단점을 지니고 있다. CEO 중심의 경우 강한 추진력과 통제력으로 IBC 경영을 효과적으로 수행함으로써 빠른 효과를 얻어 낼 수 있는 반면, 개인에 대한 의존도가 높아 사람이 바뀌면 혼선이 나타난다. 또 내부직원들이 수동적으로 참여할 가능성이 높아져, 창조성이 발휘되지 못하는 위험성이 존재한다. 자율관리형 조직의 경우 창조성과 일관성이 모두 병행될 수 있다는 장점이 있는 반면, 현실적으로 이런 조직을 처음부터 만들어 내기 어렵다.

따라서 가장 최선의 조직설계는 이 양자의 장점을 묶어서 현실적으로 가능한 조직을 만드는 것이다.

IBC 조직의 구성

최선의 IBC 조직 구성을 위해서는 세 가지 형태의 구성원 조합이 필요하다.

IBC의 가장 중요한 책임은 IBC가 원활하게 돌아가게 하는 데 있다. 따라서 IBC 조직은 내부구성원에게 "IBC가 최고경영자의 의지이며, 반드시 실행해야 할 경영 원칙이고, 이를 잘 수행하는 것이 조직 및 개인 성과를 달성하는 것이며, 따르지 않을 시에는 불이익이 있을 수 있다."는 권위를 내세울 수 있어야 한다. 이런 내용을 가장 잘 전달할 수 있는 조직의 상징인 CEO는 어떤 형태로든 반드시 IBC 조직 구성에 포함되어야 한다. 이것이 IBC 조직 의 첫 번째 구성원이다.

두 번째는 IBC 조직이 전문성을 가지고 있어야 한다. IBC 조직이 결정한 결과에 대해 내부 구성원의 순응이 필요한데, 이러한 순응을 위해서는 강한 권위도 요구되지만 이와 더불어 조직 내 최고의 전문성을 갖추고 있어야 반발이 최소화 된다. 따라서 각 기능 부서의 최고 관리자와 최고 실무자 및 외부 전문가들이 조직에 포함되어야 한다.

마지막으로 IBC 고유 업무를 실행하고 프로세스를 관리하며 IBC 조직을 직접적으로 운영하는 실무자들이 필요하다.

이와 같이 최선의 IBC 조직은 CEO의 권위, 각 기능 부서별 최고 관리자와 실무진, 외부 전문가로 이루어진 전문성, 그리고 IBC 실무 구성원에 의한 전담성의 세 가지 특성이 조합되어야 한다.

세 가지 그룹의 조직 역할을 보면 CEO는 IBC 관리 부서의 최고 책임자 역할을 하는데, 향후 IBC가 체계적으로 진행되며 문화화되었을 시에는 IBC 관리자를 별도로 둘 수 있다. 한편 각 기능 부서의 최고 책임자와 실무자, 외부 전문가는 '의사결정 위원회' 역할을 하며 (이 경우 위원장은 CEO이며, IBC 전담 실무자 역시 위원으로 참석해야 한다.) IBC 관리 부서 전담자들은 BIS를 제정하고 수정하고 관리해 나아가며, IBC 실행 모니터링, 브랜드 감사와 피드백 그리고 위원회 운영 및 IBC 관리와 연관된 제반 일들을 수행한다. 한편 IBC 조직의 조직도 상의 위치는 포괄적이고 거시적이며, 부분적 이해 관계가 아닌 IBC 관점에서 전체의 경영을 바라본다는 면에서 CEO 직속 기구로 제반 본부와 독립적으로 위치하는 것이 바람직하다.

04.

IBC 실행을 위한
광고대행사의 조직
TBWA 코리아
IBC 조직 사례

참고로 IBC를 실행하는데 있어 가장 중요한 파트너인 광고대행사의 조직 형태에 대해서도 알아보도록 하겠다.

IBC 경영에서 가장 중요한 것은 커뮤니케이션이 마케팅이 아니라 전사적 경영이라는 관점에서 관리된다는 것이며, 커뮤니케이션 경영의 중심이 BIS 체계에 의해 이루어 진다는 것이다. 따라서 기존 광고대행사의 커뮤니케이션 조직과 기능에서 가장 크게 변화되어야 할 부분은 커뮤니케이션 기획의 시각이다. 지금까지는 제품의 특장점과 고객의 욕구 그리고 좀 더 생각해서 브랜드 가치 정도를 생각했다면, 이제부터는 보다 큰 시각으로 기업 전체의 경영이라는 관점에서 커뮤니케이션을 보아야 한다.

커뮤니케이션의 대상 역시 고객을 벗어나 이해 관계자와 사회 전반의 대중으로까지 확대하여 이들과의 관계 구축이라는 관점에서 커뮤니케이션을 기획해야 한다. 그러기 위해서는 광고 크리에이티브에 대한 전문성을 넘어 경영 전략, 브랜드 전략 등의 거시적인 전문 지식과 경험이 요구되는 것이 지금까지의 광고대행사와 달라져야 할 부분이다.

이는 기존의 커뮤니케이션 지식과 더불어 경영 전략이나 브랜드 전략의 지식을 겸비한 커뮤니케이션 기획자가 필요하다는 것을 의미한다. 이런 이유로 뉴욕의 대형 광고대행사들은 기존의 AP 조직이나 AE 조직과 별도로 경영전략 컨설턴트들을 영입하여 최고전략책임자 CSO: Chief of Strategy Officer 같은 포지션을 새로 만들고 있는 추세다. 하지만 이들도 아직은 기존 AE 조직과 경영전략 조직간의 통합과 시너지를 만들지는 못하고 있는 상황이다.

다음으로 대중 매체 중심의 크리에이티브 또는 커뮤니케이션 방식의 변화가 요구된다. 광고대행사의 역할은 이제 제품의 혜택을 고객에게 가치 있게 전달하는 역할에서 더 나아가, 전체 비즈니스 행동과 컨텐츠의 커뮤니케이션 효과를 포괄적으로 관리하는 것을 돕고, 이들이 일관성과 다양성을 통한 시너지 효과를 낼 수 있도록 전략을 기획하고 이에 따른 통합 커뮤니케이션의 창의적인 아이디어가 도출될 수 있도록 하는 미디어 중립적 빅 아이디어 Media Neutral Big Idea 방식의 접근이 필요하다. 이를 위해서는 커뮤니케이션 전문성을 가지고 있는 PR 기능이 대행사 조직에 새롭게 포함되어야 한다.

한편 기존의 대행사 조직에 독립적으로 존재하는 디지털 마케팅 기능과 BTL^{Below The Line} 조직의 강화도 필요한데, 기존의 디지털 마케팅 조직이 미디언스를 제대로 이해하고 활용하기 위해서는 매스 미디어 커뮤니케이션 과 SNS 같은 첨단 미디어 채널의 소통 등에 강한 디지털 마케터가 필요하다. 또한 기존 BTL 기능에서는 대중과의 상호작용을 보다 잘 이해하고, 거기에 맞게 컨텐츠를 기획할 수 있는 BTL 기능이 필요하다. 커뮤니케이션의 기술의 발전을 이해하고 이를 활용할 수 있는 첨단 기술 중심의 커뮤니케이션^{TBC: Advanced Technology Based Communication}을 실행할 수 있는 커뮤니케이션 엔지니어 조직 또한 필요하다. 마지막으로 기존에 익숙한 광고 전문가들과 AE들의 마인드 전환이 절실히 요구된다. 4대 매체 위주의 광고에 오랫동안 익숙한 전통적 조직인 AE와 제작은 커뮤니케이션은 광고라는 인식, 그리고 TV를 위주로 한 광고 아이디어라는 두 가지 고정관념에서 벗어나는 것이 무엇보다 중요하다. 그 다음으로 브랜드 경영 전략가, AE, PR, Digital, TBC, BTL, CD 등이 하나가 되어 고객사의 문제를 경영적 시각에서 해결해주는 공식적인 프로세스를 제정하는 것이 중요하다. 만약 이러한 과정이 공식화되지 않는다면 모든 일은 기존에 하던 방식대로 흘러갈 수밖에 없다. 변화는 어느 정도의 형식과 강제성이 뒤따라야 한다.

솔직히 광고대행사 입장에서 기존의 캐시카우인 전통적 매체의 커뮤니케이션 대응을 완전히 무시한 채 이런 조직으로 변한다는 것은 현실적으로 쉽지 않다. 광고대행사는 어찌 되었든 광고주의 요구에 의해 움직일 수밖에 없고, 아직까지 많은 클라이언트가 IBC적인 접근보다는 전통적 접근의 커뮤니케이션을 요구하기에 급격한 조직 이동은 불가능하다. 현실적으로 광고대행사의 수익원은 커미션 방식(광고비의 일정 비율을 수수료로 취하는 형식)이기에, 이왕이면 이 숫자가 큰 쪽으로 인력 자원을 배치할 수밖에 없다. 이러한 현실적인 이유로 사실 우리나라뿐 아니라 전세계 어느 대행사도 사실 IBC 경영을 위한 전문적인 조직을 쉽게 만들지 못하고 있다. 세계적으로 볼 때 이와 가장 유사한 조직은 오로지 애플만을 전담하는 TBWA의 MAL (미국소재) 조직이다. 그러나 MAL 역시 IBC라는 측면보다는 애플을 전담하는 거대조직이라는 특성이 더 크기에 완전히 IBC라고 보기는 힘들다. 다만 애플의 제품뿐만 아니라 애플과 파트너로서 전체적인 경영 전략하에 일사 분란하게 움직인다는 측면에서는 IBC 경영에서의 대행사 조직 성격을 띠고 있다고 하겠다.

한국에서는 TBWA 코리아가 그 동안 만들어온 성공사례(현대카드, e편한세상 등)에 힘입어, 업계의 리더로써, 또 광고주의 다양한 욕구를 충족시키고자 세계 최초로 IBC 전담 본부를 구축하여 광고주를 지원하고 있다.

TBWA코리아 IBC 본부는 브랜드 전문가 집단과 브랜드 마케팅 PR 전문가 집단, BTL 전문가 집단, 디지털 마케팅 전문가 집단, 커뮤니케이션 엔지니어 집단과 오프라인 광고 전문가가 하나의 본부로 통합되어 팀 구분 없이, 프로젝트에 맞추어 모두가 하나의 TF가 되어 동시적으로 아이디어를 찾고, 경영 전략과 브랜드 전략을 포괄하는 미디어 중립적 빅 아이디어를 도출하고 있다.

Appendix

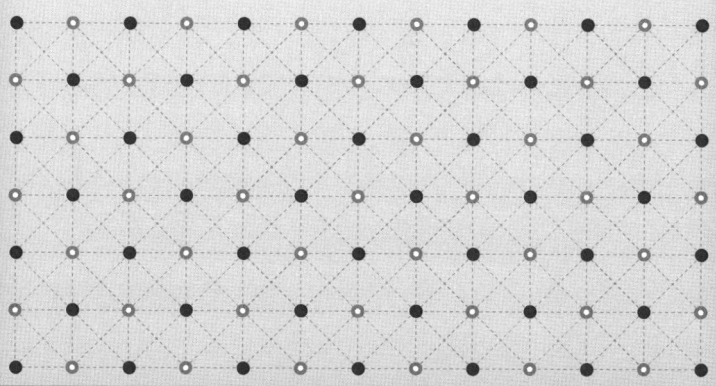

Integrated
Marketing
Communication
TO
Integrated
Brand
Communication

01.
추 가
Study

통합 커뮤니케이션이
더 효과적이라고
할 수 있는가?

이 문제는 통합 이슈를 가장 많이 연구해온 IMC 개념에서부터 출발해야 한다. 초기 IMC 개념의 핵심은 마케팅적 커뮤니케이션의 통합으로, 이는 결과적으로 단일한 컨셉트나 전략을 기본으로 원 보이스, 원 룩의 모습을 보이는 것을 의미한다. 그러나 그 효과에 대해서는 아직까지 이론적으로 명확하게 정리되어 있지 않다.

IBC의 이론적 배경 또한 IMC를 바탕으로 한 것이기에, 이 기회에 IMC에서 주장하는 통합 커뮤니케이션을 지향해야 하는 근거를 이론적으로 밝히려고 한다.

이 부분은 이론적인 부분이 강하기에 배경지식이 없는 경우 조금은 이해하기 힘들 수 있다. 그러나 IBC의 원활한 활용을 원하는 독자들은 꼭 읽어보기를 권한다.

지금까지 IMC에서 통합에 대한 당위성을 주장하는 근거로는 4As(미국 광고대행사협회)에서 밝힌 '통합으로 인한 커뮤니케이션의 시너지 효과 즉 부가가치를 인정한다.'는 것이며, 켈러 또한 '전체의 통합적 운용 효과가 부분효과의 합보다 더 크다.'는 시너지를 주요 근거로 제시하고 있다. 그러나 필자가 보기에는 이러한 근거들은 정서적, 상식적으로는 충분히 받아들일 수 있으나, 이론적으로 명쾌한 설명은 빠져 있어 보인다.

한편 슐츠^{Don E Schultz, Accumulation Model, 1996}는 이에 대한 근거로 조금 더 논리적인 접근을 하고 있는데, 첫째는 '소비자의 자동적인 정보 통합 행태'라는 측면으로, 공급자가 원하던 원하지 않던 소비자는 공급자의 모든 마케팅 커뮤니케이션을 통합해서 받아들이고 기억하고 이해한다 것이다. 소비자의 총체적 경험을 강조하면서 통합의 정당성을 부여하는 모델이다. 두 번째는 '정보 기술의 소유권 전환'이라는 것을 지적하고 있는데, 이는 정보기술과 활용을 지금까지는 생산자가 독점하고 있었으나 그 발전과 활용의 방향이 소비자 지향으로 변하고 있기 때문에 결국 소비자와 생산자간에 정보 격차가 없어짐으로 인해, 왜 통합을 이루어야 하는가 하는 논쟁은 이제 더 이상 의미 없는 논쟁거리라는 것이다.

한 마디로 소비자는 모든 정보를 통합적으로 받아들이기 때문에 이에 맞추어 통합적 접근을 해야 한다는 주장이다. 슐츠의 설명은 비록 현상적으로 접근하고, 이론적으로 완전하지는 않지만 타당한 설명으로 보여진다.

하지만 완전한 이론으로 인정하기 어려워 그 후에도 여러 사람이 이에 대한 문제를 지적하고 있으며, 이는 아직까지도 계속되는 논쟁거리다.

사실 90년대 초반의 통합 커뮤니케이션 개념은 IMC만의 독창적인 이론은 아니다. 이 시대의 경영 패러다임 역시 통합경영이라고 볼 수 있다. 이 당시에 SCM Supply Chain Management 이나 ERP Enterprise Resource Planning 등의 경영 기법과 '내부 부서의 벽 허물기' 등은 내부 자원을 통합해 최고의 효과와 효율성을 만들겠다는 통합경영 철학을 잘 반영하고 있으며, IMC 또한 커뮤니케이션 측면에서 이러한 경영철학의 흐름과 일맥상통한다.

한편 커뮤니케이션과 광고 이론 측면에서 보면 '반드시 효과는 존재 한다 magic bullet'는 '자극 반응 이론 Stimulus Response Theory'과 선형적인 효과 모델인 '효과 계층 모델 Hierarchy of Effects'을 축으로 발전하다가 커뮤니케이션 효과가 수용자에 따라 변한다는 시각이 점차 확대되면서 커뮤니케이션 모델의 변화가 나타나기 시작했다. 이러한 변화의 불을 당긴 이론 중의 하나가 벤 퀼렌버그 Van Cuilenburg, 1987가 제시한 정보의 공급과 소비에 관한 모형인데 이에 의하면 정보의 양은 1950년 이후 엄청난 속도로 증가하고 있는 데 반해 정보이용자의 활용수준과 지식수준은 제자리 걸음을 하고 있기 때문에 마치 장님 사격을 하는 것과 같다고 하였다. 결국 송신자는 많은 정보 가운데 핵심내용을 중심으로 송신해야 한다는 것을 알 수 있는 데, 이는 통합 커뮤니케이션의 필요성을 이론적으로 지지하는 출발점이라고 보여진다. 통합커뮤니케이션의 필요성을 설명하는 또 다른 이론으로는 엑셀로드[Axelord, 1973]의 '스키마[Schema] 이론' 또는 앤더슨[Anderson, 1983]의 '의미적 연상망 정보처리 이론[Semantic Association Network]'이다.

그러면 두 이론 중 '의미적 연상망 정보처리 이론'을 중심으로 통합커뮤니케이션의 효과를 증명해보자.

이 이론은 기억이 장기기억[Long term Memory] 속에 있는 기존 지식 덩어리라고 할 수 있는 연상망에 의해 조직화되고 해석되어 기억된다는 이론이다.

기억은 정보를 뜻하는 노드[node]와 이 정보들을 연결하는 장치[Link]로 구성되어 있는데, 이 중 가장 중심이 되는 노드가 링크를 통해 비슷한 개념의 다른 노드와 연결되어 연상망을 구성하게 된다. 우리가 무엇을 기억한다는 것은 바로 이러한 노드와 노드의 연상망 이 활성화[Spreading Activation] 된다는 것을 의미하는데, 중심 노드와 연관된 노드 간의 연결이 강하면 강할수록 정보인출이 더욱 잘된다. 이들간의 연합성이 강할수록 활성화의 에너지는 더욱 커진다는 것이다. (Collins & Loftus 1975, Anderson & Reader 1979, Mandler 1979) 활성화 확산은 결국 점화Priming와 밀접한 관련이 있는데 (Neely 1976, Pearlstone1966) 어떤 자극이 관련된 개념을 자극하게 되면 그 개념과 관련된 모든 연결망 고리가 활성화될 수 있다는 것으로 이는 브루너Bruner, 1975의 범주 접근 가능성category accessibility 이론에 잘 나와 있다. 이 이론에 의하면, 활성화된 하나의 개념이 그 개념이 속한 의미 범주 전체의 지식 망을 활성화 시킨다는 것으로, 중요한 것은 이 개념이 반복되면 될수록 이와 관련한 지식 망이 더욱 우선적으로 활성화 된다는 것이다. 더 중요한 것은 이렇게 활성화된 지식은 사후에 제시되는 대상의 해석에 대해서도 영향을 줌으로써 (Framing Effects) 제시된 대상을 저장된 정보와 같은 맥락에서 해석해, 대상에 대한 기존의 사고 개념이 더욱 강화된다는 것이다. 상당히 어려운 말 같지만 쉽게 표현하면 콩깍지 이론이라고 할 수 있다. 눈에 콩깍지가 씌인 사람은 그 사람이 좋아하는 이가 하는 모든 것들이 멋있어 보이고 그로 인해 그 사람이 더 좋아진다는 이론을 말한다.

어쨌든 이러한 연상망 이론에 의하면 연상 노드는 인지적인 개념뿐만 아니라 감성Affect 까지도 같은 과정으로 저장되고 연결되고 활성화 된다고 하였다. (Bower 1981, Clark& Isen,1982, Bower & Cohen 1982). 또한 이러한 인지적 노드와 감성적 노드는 상호 작용

을 통하여 감성은 인지작용에, 인지작용은 감성에 의해 활성화 된
다. (Hansen & Hansen 1988, 이창우 1991).

이러한 의미적 기억의 연상망 이론의 핵심을 정리하면 첫째, 기억
이라고 하는 것은 연관된 지식의 범주가 서로 연상망으로 형성되어
있다는 것이며, 둘째, 기억한다는 과정은 곧 '중심적인 정보 노드가
활성화 되면서 관련된 내용들이 동시에 활성화 되는 과정이라는 점'
이며, 이러한 활성화 정도는 반복 학습에 의해 강화된다는 것으로,
강화된 노드는 관련자극 시 가장 먼저 활성화 된다는 것이다. 마지
막으로 가장 중요한 것은 활성화된 감성과 정보 노드가 추가적으로
들어오는 정보를 판단하는 역할을 한다는 것이다. 한마디로 사람의
머리 속에 어떤 대상에 대한 지식 망이 어떻게 형성되어 있느냐 하는
것이 그 대상의 현재는 물론 미래의 행동 평가에 까지도 매우 큰 영
향을 미친다는 의미다. 극단적인 예를 들자면, 공부 잘하는 애들이
엉뚱한 짓을 하면 머리가 좋고 창조적이라고 하고, 그렇지 않은 학생
이 똑같은 행동을 하면 바보 취급을 당하는 것을 말한다.

어쨌든 이것은 매우 중요한 전략적 의미를 가지고 있다. 커뮤니
케이션의 가장 큰 목적인 제품 또는 브랜드 인지, 상기, 태도유지 및
변용, 행동 유도를 효과적이며 효율적으로 실행하기 위해서는 고객
의 머리 속에 이러한 자사 제품 또는 브랜드와 연관된 연상망을 매

우 탄탄하고 유리하게 만들어 놓는 것이 매우 중요하다는 것이다. 그러기 위해서는 자사에 유리한, 의미연상 관련성이 매우 높은 맥락의 커뮤니케이션이 반복적으로 실행 되어야 하며, 이것이 바로 마케팅 커뮤니케이션의 전략 및 메시지 통합에 대한 이론적 정당화를 의미한다.

여러 가지 매체에 대해 같은 맥락의 내용으로 자사에 유리한 메시지를 반복적으로 실행하면서 고객의 머리 속에 해당 제품 또는 브랜드에 대한 강력한 의미 연상망을 다양한 노드에 형성하여, 다른 상황에서도 비슷한 연상 자극에 의해 자사 지식 연상망이 경쟁사보다 먼저 떠오르게 만들고, 이미 형성된 자사 연상망에 의해 앞에 놓여진 정보를 유리하게 이해하고 해석하는 상황을 유도하는 것이다. 이러한 프레이밍 효과를 활용하여 자사 브랜드에 우호적인 판단을 내릴 수 있도록 하는 것이 곧 기업 또는 마케팅 커뮤니케이션의 궁극적 목적인 인지도와 이미지 그리고 태도 강화를 효율적으로 달성하게 만드는 긍정적 효과의 선순환 기억 구조이다. 이는 그레버[Graber, 1984]의 뉴스처리에 관한 스키마 이론에서 제시된 논리와도 매우 흡사하다.

이러한 의미 연상망을 활용해 켈러는 '소비자를 중심으로 한 브랜드 자산[Customer based Brand Asset, 1993]'을 정의하였다. 그는 이러한 브랜드 지식 연상망에 구성된 의미들이 고객이 좋아하는 의미이며, 경쟁사와 차별화 된 것이고, 연상망의 링크가 강하게 연결되면 될수록 브랜드의 자산이 큰 것이며 강한 브랜드라고 정의하고 있다. 이러한 이론들이 바로, 통합마케팅 커뮤니케이션이 브랜드 자산을 강하게 만들어 주는 매우 효율적인 방법임을 증명하고 있다.

기존의 IMC와 IBC의 차이점

IBC는 우리에게 익숙한 통합 마케팅 커뮤니케이션[IMC]의 개념을 바탕으로 현실에 적용 가능하도록 진화된 개념으로 IMC 이론을 어느 정도 차용하고 있다.

단지 IMC는 무엇을 기준으로 통합할 것인가, 그리고 누가 통합할 것인가 하는 통합기준이 명확하지 않았으며, 통합의 차원 역시 마케팅 커뮤니케이션의 수단적 차원에 머물러 마케팅 커뮤니케이션이나 마케팅 차원까지의 전략을 기획하고 집행하는 수준까지는 큰 문제가 없었으나, 통합의 개념이 마케팅이라는 기능전략을 넘어 경영전반에 걸쳐 수평적, 수직적 통합을 요구하는 현대 경영을 포괄하기에는 현실적으로 그 인식과 실행에 문제가 있다.

마케팅 차원이 아니라 보다 큰 구심력을 가진 브랜드 차원에서의

	IMC	IBC
공통점	거래가 아닌 관계관리에 초점 고객, 내부구성원, 이해관계자, 대중에 관심 통합 시너지 커뮤니케이션 효과를 목적 원 룩, 원 보이스	
가정	기업이 정보통제 가능	더 이상 기업은 정보통제 활동이 어려워졌다
통합범위	프로모션 중심의 마케팅 메시지와 마케팅 프로모션 도구의 통합 강조	마케팅 커뮤니케이션과 프로그램 범위를 넘어 경영, 인사, 재무, 생산 등 경영 전 범위에 걸친 통합 커뮤니케이션
역할	마케팅 차원에서의 브랜드 통합 커뮤니케이션 기대 의도한 커뉴니케이션 관리	경영 전반에 걸친 브랜드 통합 커뮤니케이션 효과 기대 의도하지 않는 커뮤니케이션 효과까지 관리 IMC를 실제 가능하게 하며 효과를 가중시킴

_____ IMC와 IBC의 차이점 요약

통합 전략을 제시한 것이 IBC이고, 특정 마케팅 목적보다는 조직 전반에 걸친 브랜드 개념과 이에 따른 브랜드 의 총체적 경험 창조와 수용에 더 초점을 맞추고 있다는 면에서 IBC는 IMC와 차이가 있을 수 있다.

무엇보다도 IBC 경영을 실행해야 하는 더 큰 이유는, IBC가 IMC 를 제대로 수행할 수 있도록 하거나 상승효과를 가져오는 터보 엔진 역할을 한다는 것이다. IMC의 통합 수준이 높아지면 높아질수록

IBC의 경영철학이 조직 내 깊숙이 베어있는 경우와 이 철학이 존재하지 않는 경우는 실행력의 차이가 나타날 수밖에 없다. 즉 프로모션 측면이 강한 마케팅 커뮤니케이션에서의 IMC보다는 4P 차원의 마케팅 프로그램이 IMC에 대한 기대효과가 더욱 클 수 있는데 이러한 차원으로 까지 확장된 IMC가 실제로 원활하게 작동 될 수 있는가 하는 것은 기업의 IBC 개념의 무장 여하에 달려 있다.

강경수, "MC, IMC 개념의 역사적인 전개와 그 특징", 광고학 연구, 2008년 봄, pp. 9~35.

강경수, "해외 IMC 연구의 동향과 과제", 홍보학 연구 13-2호, 2009, pp. 168~186.

강경수, "국내 IMC 연구의 현황과 미래 동향", 한국 광고홍보 학보, 2010년 여름 제 12권 2호, pp. 96~141.

김경란, "광고와 퍼블리시티의 이중혜택- 명서와 매출액: 그 효과와 시너지에 대한 평가", 광고학 연구 제20권 2호, 2010, pp. 57~79.

김봉현, "통합적 마케팅 커뮤니케이션 전략을 통한 브랜드 구축 사례: 청구 오디세이 중심으로", 광고학 연구, 1998.

김영욱, 『PR 커뮤니케이션』, 이화여자 대학교 출판부, 2003.

김일철, "복잡계 이론에 기초한 IMC의 개념화에 관한 연구", 한국 광고홍보 학보 2권 2호, 2001, pp. 61~89.

김준희, "마케팅 커뮤니케이션 요인이 브랜드 자산에 미치는 영향에 관한 연구"

김찬석, "통합 마케팅 커뮤니케이션과 PR 책임자의 역할", 광고학연구 제 16권 3호, 2005, pp. 119~141.

김충현, "통합 마케팅 커뮤니케이션의 이해와 광고주의 인식에 관한 조사연구", 광고학연구 제 43호, 1999, pp. 77~95.

맥퀘일 외『커뮤니케이션 모델』, 임상원 유종원 옮김, 나남, 2003.

박재진, "통합적 마케팅 커뮤니케이션 성공적 수행을 위해 극복해야 할 요인에 대한 고찰", 한국언론 정보학보, 2005년 겨울 통권 31호, pp. 168~192.

박찬욱, "IMC 실행수준의 다차원 척도 개발에 관한 연구", 광고학 연구, 2001년 여름 제 12권 2호, pp. 7~28.

성민정, 조정식, "글로벌 기업의 통합 커뮤니케이션 현황", 광고학 연구, 제 20권 3호, pp. 51~76.

심재철, 윤태일, "브랜드 자산과 통합 커뮤니케이션 그리고 미디어 시너지 효과", 홍보학연구 제 7-1호, 2000, pp. 69~102.

윤각, 서상희, "다양한 마케팅 수단들이 브랜드 자산에 미치는 영향에 관한 광고주 광고기업간 인식연구", 광고연구 제64호, 2004, pp. 315~340.

안영진,『경영패러다임의 변화』, 박영사, 2004.

윤소연, 이훈구, "광고 전략과 관련한 연상망 이론의 적용 가능성에 대한 고찰", 한국 심리학지, Vol.11, No.1, 1998, pp. 1~22.

이동진,『전략적 관계마케팅』, 박영사, 2005.

이인희, "뉴미디어 환경에서의 커뮤니케이션 모델에 관한 연구", 방송학 연구 6권, 1995, pp. 115~141.

조순호, "광고기업의 커뮤니케이션 전략 트렌드 변화에 대한 연구", 커뮤니케이션 디자인학 연구 제 33호, 2010, pp. 122~127.

조창연, "비선형적 광고 커뮤니케이션 모형 구축을 위한 탐색적 연구- 신경망
이론을 중심으로", 한국 광고홍보 학회 춘계학술 대회, 2005, pp. 85~94.

차배근, "커뮤니케이션 이론 연구의 반성과 과제", 신문학보 제6집, pp.
107~118.

필립 코틀러, "마켓 3.0", 타임비즈, 2010.

한선민, "광고 커뮤니케이션의 통합모델에 대한 연구", 광고연구, Vol.33, 1996,
pp. 121~149.

한상필, "국제 광고 연구의 동향: 1960년부터 2005년 까지 주요 광고학술지의
내용분석", 광고학 연구 제19권 4호, 2008, pp. 89~102.

Aaker D. A., *Building Strong Brand*, The Free Press, 1996.

Anderson P. H., "Relationship development and Marketing Communication"
, Journal of Business Marketing Vol.16, No.3, 2003, pp. 167~182.

Balmer J. M. T., "Corporate Identity and Advent of Corporate Marketing",
Journal of Marketing Management 14, 1998, pp. 963~996, 341~359.

Barnes B. E., "Integrated Marketing Communication Planning: Retail
applications", Journal of Marketing Communications 7, 2001, pp. 11~17.

Beard F., "Integrated Marketing Communication: New Role Expectations and
Performance Issues in the Client-As Agency Relationships?", Journal of
Business Research 37, 1996, pp. 207~215.

Bearden W. O., Madden C. S., "A Brief History of the Future of Advertising
Visions and Lessons from integrated marketing Communications",
Journal of Business Research 37, 1996, pp. 135~138.

Berens G., Cees B. M., Van Riel, Gerrit H., Van Bruggen, "Corporate Associations and Consumer Product Responses: The moderating Role of corporate brand Dominance", Journal of Marketing Vol.69 July, 2005, pp. 35~48.

Brexendorf T., Kernstock J., "Corporate Behavior vs brand behavior: Towards an integrated view?", Brand Management Vol.15, No.1, 2007, pp. 32~40.

Bill A., "To Integrate or Not To Integrate?", Public Relation Tactics Vol.1 Issue 6, 1994, pp. 22

Cambell D.P., Level D., "A Black Box Model of Communications", Journal of Communication Vol.22, No.3, 1985, pp. 37~47.

Caemmerer B., "The planning and implementation of Integrated Marketing Communications", Marketing intelligence & planning Vol.27, No.4, pp. 525~538.

Carbone M. T., "The History and Development of Business Communication Principles: 1776–1916", Journal of Business Communication Vol.31, No.3, 1994, pp. 173~193.

Casstevans E. R., "An Approach to Communication Model Building", Journal of Business Communication Vol.16, No.3, pp. 31~40.

Chang V., Thorson E., "Television and Advertising Synergies", Journal of Advertising Vol.33, 2000, pp. 75~81.

Chakraborty S. K., Kurien V., Singh J., Athreya M., Maria A., Gupta A. K., "Management Paradigms beyond Profit Maximization", VIKALPA

Vol.29, No.3, 2004, pp. 97~117.

Cliff M., "Cutting Edge Companies use Integrated Marketing Communication", Communication World Vol.16, 1999, pp. 15~20.

Combe I. A., "Multiple Strategy Paradigms: An Integral Framework", Journal of Marketing Management 15, 1999, pp. 341~359.

Cornelissen J. P., Lock A. W., "Theoretical Concept or Management Fashion? Examining the Significance of IMC", Journal of Advertising Research Sep, 2000, pp. 7~18.

Cornellisen J. P., "Integrated Marketing Communications and the Language of Marketing", International Journal of Advertising 20, 2001, pp. 483~498.

Cornellisen J. P., Lock A. R., Gardner H., "The Organizational of external communication disciplines: an integrated framework of dimension and determinants", International Journal of Advertising 20, 2001, pp. 67~88.

Cornellisen J. P., "Change, Continuity and Progress: the concept of Integrated Marketing Communications and marketing communications practice", Journal of Strategic Marketing 11, 2003, pp. 217~234.

Cornellisen J., Bekkum T. V., Ruler B. V., "Corporate Communications: A Practice - Based Theoretical Conceptualization", Corporate Reputation Review Vol.9, no.2, 2006, pp. 114~133.

Christenson L. T., Firat A. F., Torf S., "The Organization of Integrated Marketing Communications: toward flexible integration", European Journal of Marketing Vol.42, No.3/4, 2008, pp. 423~452.

Gylling C., Lindberg K., "Investigating the links between a corporate Brand and a customer brand", Brand Management Vol.13, No.4/5, 2006, pp. 257~267.

David Owen Fames., "Extension to alliance: Aaker and Keller's Model revisited", Journal of Product & Brand Management 15/1, 2006, pp. 15~22.

Dahlen M., "The Medium as a contextual cue", Journal of Advertising Vol.34, No.3 Fall, 2005, pp. 89~98.

Dahlen M., Friberg L., Nilson E., "Long Live Creative Choice", Journal of Advertising Vol.38, No.2 Summer, 2009, pp. 121~129.

Dewhirst T., Davis B., "Brand Strategy and Integrated Marketing Communication", Journal of Advertising Vol.34, No.4 Win, 2005, pp. 81~92.

Duncan T., Evert S. E., "Client Perception of Integrated Marketing Communication", Journal of Advertising Research May/June, 1994, pp. 30~39.

Duncan & Moriarty S. E., "Communication Based Marketing Model for Managing Relationship", Journal of marketing Vol.62 Apr, 1998, pp. 1~13.

Duncan & Caywood, "The Concept, process and evolution of Integrated Marketing Communication", Integrated Communication: Synergy of persuasive voices, 1996, pp. 13~34.

Eagle M., Kitchen P. J., "IMC brand Communications and Corporate

Cultures", European Journal of Marketing Vol.34, No.5/6, 2000, pp. 667~686.

Eagle M., Kitchen P. J. m., Bulmer S., "Insights into interpreting Integrated Marketing Communications", European Journal of Marketing Vol.41, No.7/8, 2007, pp. 956~970.

Edell J. A., Kevin L. K., "The Information Processing of Coordinated Media Campaigns", Journal of Marketing Research May, 1989, pp. 149~63.

Ewing M. T., Bussy M. N., Caruana A., "Perceived Agency Policy and Conflicts of interest as a potential barrier to IMC orientation", Journal of marketing communications 6, 2000, pp. 107~119.

Ewing M. T., "Integrated Marketing Communications measurement and evaluation", Journal of marketing communications Vol.15, No.2-3, 2009, pp. 103~117.

Farrely F., Luxtin S., Govan J. G., "Critical Issues to understanding IMC in the future", Marketing Bulletin 12, article 2, 2001.

Ferdous A. S., "Integrated Marketing Communication", The Marketing Review Vol.8, No.3, 2008, pp. 223~235.

Fill C., "Essentially a Matter of Consistency: Integrated Marketing Communications", The Marketing Review 1, 2001, pp. 409~425.

Fitzpatrick K. R., "The Legal Challenge of Integrated Marketing Communication", Journal of Advertising Vol.34, No.4, pp. 93~102.

Finne A., Gronroos C., "Rethinking marketing communication: From integrated marketing communication to relationship communication"

, Journal of marketing communications Vol.15, no.2/3, 2009, pp. 179~195.

Forman J., Argenti P.A., "How Corporate Communication Influences Strategy Implementation, Reputation and The Corporate Brand: An Exploratory Qualitative Study", Corporate Reputation Review Vol.8, No.3, 2005, pp. 245~264.

Foster C., Cheng K. R., "Exploring the relationship Between Corporate internal an employer branding", Journal of product and Management 19/6, 2010, pp. 401~409.

Foster C., Punjasiri K., Chen R., "Exploring the relationship between corporate, internal and employer branding", Journal of Product & Brand Management 19/6, 2010, pp. 401~409.

Forman J., Argent P. A., "How corporate communication influences strategy Implementation, reputation and the corporate brand" Corporate Reputation Review Vol.8, No.3, 2005, pp. 245~264.

Fournier S., "Consumers and Their Brands: Developing Relationship Theory in Consumer Research", Journal of Consumer Research Vol.24 Mar, 1998, pp. 343~373.

Fulk J., Boyd B., "Emerging Theories of Communication in Organization", Journal of Management Vol.17, No.2, 1991, pp. 407-446.

Garber jr. L. L., Dotson M. J., "A method for the selection of appropriate business to business, 8:1-17, Integrated Marketing Communications Mixes", Journal of marketing communications Vol.15, No.2/3, 2002, pp.

179~195.

Gabrieli V., Balboni B., "SME practice towards Integrated Marketing Communications", Marketing Intelligence and Planning Vol.28, No.3, 2010, pp. 275~290.

Gornig M. P., "Putting Integrated Marketing Communication to Work", Public Relation Quarterly, 1994, pp. 45~48.

Gould S. J., Grein A. F., Lerman D. B., "The Role of Agency—Client Integration in Integrated Marketing Communications: A Complementary Agency Theory —Interorganizational Perspective", Journal of Current issue and research in advertising Vol.21, No.1, pp. 1~11.

Gronstedt A., Thorson E., "Five Approach to Organize an Integrated Marketing Communications Agency", Journal of Advertising Research Mar/Apr

Grunig J. E., Grunig L. A., Dozier D. M., "Excellence Public Relations and Effective Organizations: A Study of communication management in three countries." Mahwah: Lawrence Erlbaum Associates, 2002.

Grunig J. E., "The Relationship between public relations and marketing in excellent organization: evidence from the IABC study", Journal of Marketing Communications 4, 1998, pp. 141~162.

Gylling C., Lindberg—Perdo K., "Investing the links between a corporate brand and a customer brand", Brand Management Vol 13, No.4/5, 2005, pp. 257~267.

Hall L., Wickham M., "Organizing IMC roles and functions in business to business network environment", Journal of Marketing Communications Vol.14 No.3, 2008, pp. 193~206.

Hatch M.H., Schultz M., "Bringing the corporation into corporate Branding" European Journal of Marketing Review Vol.37, No.7/8, 2003, pp. 1041~1064.

Hankinson G., "The management of destination brand: Five guiding principles based on recent developments in corporate branding theory" Brand Management Vol.14, No.3, 2007, pp. 240~254.

Hartley B., Pikton D., "Integrated Marketing Communication s require new way of thinking", Journal of Marketing Communications 5, 1999, pp. 97~106.

Hayes B., Alford B. L., Silver L., York R.P., "Looks matter in developing consumer brand relationships", Journal of Product & Brand Management 15/5, 2006, pp. 306~315.

Herstein R., Mitki Y., Jaffe D. J., "Corporate Image Reinforcement in an era of terrorism through integrated marketing communication", Corporate Reputation Review Vol.11, No.4, 2008, pp. 360~370.

Heinonen K., Strandvik T., "Communication as an element of service value", International Journal of Service Industry Management Vol.16, No.2, 2005, pp. 186~198.

Hill D. J., Fink R., Morgan A. J., "Pant Tours as a Customer Contact Tool: An Integrated Marketing Communications Framework", Journal of Marketing Management Fall/winter, 1997, pp. 44~51.

Holm O., "Integrated Marketing Communication: from tactics to strategy", Corporate Communications Vol.11, No.1, 2006, pp. 23~33.

Hutton J. G., "Integrated Marketing Communication and the Evolution of Marketing Thought", Journal of Business Research 37, 1996, pp. 155~162.

Janet & Brian Board., "Emerging theories of communication in Organizations", Vol.17, No.2, 1991, pp. 407~446.

Janssens W., Palsmacker P. D., "Advertising for new and existing brands: The impact of media context and type of advertisement", Journal of Marketing Communication Vol.11, No.2 June, 2005, pp. 113~128.

Jun Chaenam, Yi Huiuk, Ahn Euijin, "The Comparative Advantage Of IMC on Brand Equity Building", 마케팅 논집 제 16집 2권, 2008, pp. 135~154.

Kerr G., Schultz D. E., Patti C., Kim I.C., "An inside out approach to integrated Marketing Communication", International Journal of Advertising 27(4), 2008.

Keller K. L., Strategic Brand Management, Pearson Education, 2008.

Keller K. L., "Conceptualizing, Measuring and Managing Customer Brand Equity", Journal of Marketing Vol.57 Jan, 1993, pp. 1~22.

Keller K. L., "Brand Mantras: Rationale, Criteria and Examples", Journal of Marketing Management 15, 1999, pp. 43~51.

Keller K. L., "Building Strong Brands in a modern communications environment", Journal of Marketing Communications Vol.15(April-July),

2009, pp. 139~155.

Keller K. L., "Mastering the marketing communications Mix: Micro and macro perspectives on integrated Marketing Communication", Journal of Marketing Management Vol.17, No.7, 2001, pp. 819~847.

Keller K. L., Kevin Lane, *Strategic Brand Management 3rd Edition*, Prentice Hall, 2008, pp. 79~87.

Ken L., "IMC: through the looking glass", Communication World: Oct/Nov Vol.15, 1998, pp. 26~28.

Kitchen P., Kim I.C., Schultz D. E., "Integrated Marketing Communication: practices leads theory", Journal of Advertising Research Dec, 2008, pp. 531~546.

Kitchen P. J., Brignell, Li. T., Spickett G., "The Emergency of IMC: A theoretical Perspective", Journal of Advertising Research Mar, 2004, pp. 19~30.

Kitchen P. J., Schultz D. E., "A Multi Country Comparison of the Drive for IMC", Journal of Advertising Research Jan/Feb, 1999, pp. 21~37.

Kim I.C., Han D.S., Schultz D. E., "Understanding the Diffusion of Integrated Marketing Communications", Journal of Advertising Research Mar, 2004, pp. 31~45.

Kliatchko J. G., "Revisiting the IMC Construct", International Journal of Advertising 27(1), 2008, pp. 133-160.

Kliachito J. G., "The primacy of the consumer in IMC: Espousing a personals view and ethical implications", Journal of Marketing

Communications Vol.15, No.2~3, 2009, pp. 157~171.

Larry P., Richard E., "Integrating Advertising and Promotion", Strategic Advertising Management, 2001, pp. 261~280.

Luxton S., Reid, Mavondo F., "IMC, its antecedents and Brand Performance"

Leone R. P., Rao V. R., Keller K. L., Luo A. M., McAlister L., Srivastava R., "Linking Brand Equity to Customer Equity", Journal of Service Research Vol.9, No.2 Nov, 2006, pp. 125~138.

Lee D. W., Park C. K., "Conceptualization and Measurement of Multidimensionality of Integrated Marketing Communications", Journal of Advertising Research Sep 2007, pp. 222~236.

Leitch S., Motion F., "Multiplicity in Corporate identity Strategy", Corporate Communications: An International Journal Vol.4, 1999, pp. 193~199.

Low G. S., "Correlates of Integrated Marketing Communications", Journal of Advertising Research Jan/Feb, 2000, pp. 27~39.

Luck E., Moffait J., "IMC: anything really changed? A new perspective on an old definition", Journal of Marketing Communications Vol.15, No.5 Dec, 2009, pp. 311~325.

Macarther D. N., Grifin T., "A Marketing Management View of Integrated Marketing Communications", Journal of Advertising Research Sep/Oct, 1997, pp. 19~26.

Madhavaram S., Badrinarayanan V., Mcdonald R. E., "Integrated Marketing Communications and Brand Identity as Critical Components of Brand

Equity", Journal of Advertising Vol.34, No.4, 2005, pp. 69~80.

Martinez E., Pina J. M., "Influence of Corporate Image on Brand Extensions: A Model Applied to the Service Sector", Journal of Marketing Communications Vol.11, No.4, 2005, pp. 263~281.

Malthouse E. C., Calder B. J., Tanhance A., "The Effects o Media Experiments on Advertising Effects", Journal of Advertising Vol.36, No.3, 2007, pp. 7~18.

Mcarther D. N., Griffin T., "A Marketing management views of integrated marketing communication", Journal of Advertising Research Sep, 1997, pp. 19~26.

Mckenna R., "Marketing is Everything", Harvard Business Review Jan-Feb, 1991, pp. 65~79.

Mackenzie, Lutz, Belch, "The role of attitude toward the AD as a mediator of advertising effects", Journal of marketing research May, 1989, pp. 130~143.

Macgrath J. M., "IMC at a crossroads: a theoretical review and a conceptual framework for testing", Marketing Management Journal Fall, 2005, pp. 55~66.

Motion J., Leitch S., "The Technologies of Corporate Identity", In Studies of Mgt & Org No.3 Fall, 2002, pp. 45~64.

Miller D. A., "Integrated Communications: A Look at Reality Instead of Theory", Public Relation Quarterly, 1994, pp. 13~16.

Murray L., "Corporate Communications: Management's Newest Marketing

Skill", Public Relation Quarterly, 2001.

Mulhern F., "Integrated marketing Communications: From Media channels to digital connectivity", Journal of Marketing Communications Vol.15, No.2-3 (April-July), 2009, pp. 85~101.

M'zungu S. D. M., Merrilees B., Miller D., "Brand management to protect brand equity: A conceptual model", Brand Management Vol.17, No.8, 2010, pp. 605~617.

Naik P. A., Raman K., "Understanding the impact of Synergy in multimedia communications", Journal of Marketing Research Vol.11, No.5, 2003, pp. 375~388.

Naik P. A., Schultz D. E., Srinvasan S., "Perils of Using OLS to estimate Multimedia Communication Effects", Journal of Advertising Research Sep, 2007, pp. 257.

Nowak G. J., Phelps J., "Conceptualizing the of Integrated Marketing Communication's Phenomenon: An Examination of its impact on Advertising Practices and Its Implications for Advertising Research", Journal of Current Issues and Research in Adverting Vol.16, No.1, 1994, pp. 49~66.

Novelli W. D., "One Stop Shopping: Some thoughts on integrated marketing Communications", Public Research Quarterly Winter 89/90 Vol.34, 1990, pp. 7~9.

Pappu R., Quester P. G., Cooksey R. W., "Consumer based brand equity: improving the measurement –empirical evidence", Journal of Product &

Brand Management 14/3, pp. 143~154.

Pavlow P. A., Stewart D.W., "Measuring the Effects and Effectiveness of Interactive Advertising: A Research Agenda", Journal of Interactive Advertising Vol.1, No.1, 2000.

Piltoa J. J., Schultz D. E., "Simultaneous Media Experience and Synthesia", Journal of Advertising Research Mar, 2005, pp. 19~26.

Pilota J. J., Schultz D. E., Drenik G., Rist P., "Simultaneous media usage: A critical consumer orientation to media planning", Journal of Consumer Behavior Vol.3, 2004, pp. 285~292.

Proctor T., Kitchen P., "Communication in postmodern integrated marketing", Corporate Communications Vol.7, No.3, 2002, pp. 144~154.

Peltier J. W., Schibrowsky J. A., Schultz D. E., "Interactive integrated marketing Communications: combining the power of IMC, the new media and database marketing", International Journal of Advertising 22, 2003, pp. 93~115.

Ravi, Pappu, "Customer based brand equity: improving the measurement -empirical evidence", Journal of Product & Brand Management 14/3, 2005, pp. 143~154.

Ratnatunga J., Ewing M. T., "The Brand Capability Value of IMC", Journal of Advertising Vol.34, No.4, 2005, pp. 25~40.

Reid M., "Building Strong Brands through the management of Integrated Marketing Communications", International Journal of Wine Marketing

Vol.14, No.3, 2002, pp. 37~52.

Reid M., Luxton S., Mavondo F., "The Relationship between Integrated Marketing Communication, market orientation, and brand orientation", Journal of Advertising Vol.34, No.4, 2005, pp. 11~23.

Reid M., "Performance Auditing of Integrated Marketing Communication actions and outcomes", Journal of Advertising Vol.34, No.4, 2005, pp. 41~54.

Robin H., "How to play integration game", Media 5/4, 2007, pp. 24~25.

Ronald D., Michman, Harris L., "The Development of Channel Communication Models", Journal of Business communication 15(1), pp. 29~39.

Rust R. T., Oliver R., "The Death of Advertising", Journal of Advertising Dec, 1994, pp. 71~77.

Schuman, David W., Barbara Dyer, Petkus Jr., "Vulnerability of Integrated Marketing Communication: the potential Boomerang Effects", Integrated Communication: Synergy of persuasive voices, 1996, pp. 51~64.

Schultz D. E., "Integrated Marketing Communication", Journal of Promotion Management Vol.1, 1991, pp. 99~104.

Schultz D. E., "The Inevitability of Integrated Communications", Journal of Business Research 37, 1996, pp. 139~146.

Schultz. D. E., Kitchen P. J., "A Response to Theoretical Concept or Management Fashion?", Journal of Advertising Research Sep/Oct, 2000, pp. 17~21.

Schultz D. E., Kitchen P. J., "Managing the Changes in corporate Branding and Communication: Closing and Reopening the Corporate Umbrella", Corporate Reputation Review Vol.6, No.4, 2004, pp. 347~367.

Schultz D. E., "Integrated Corporate and Product Brand Communication", Advances in Competitiveness Research Jan, 2003.

Schumann D. W., Dyer B., Petkus Jr. E., "The Vulnerability of Integrated Marketing Communication", Integrated Communication: Synergy of persuasive voices, 1996, pp. 51~64.

Simon D. M., Mzung, Merriless B., Miller D., "Brand Management to protect brand Equity", Brand Management Vol.17.8, 2010, pp. 605~617.

Silverman S. N., Sprott D. E., Pascal V. J., "Relating Consumer based sources of Brand Equity to Market outcomes", Audiences in Consumer Research Vol.26, 1999, pp. 352~358.

Smith T. M., Gopalakrishna S., Chatterjee P., "A Three Stage Model of Integrated Marketing Communications at the Marketing- Sales Interface", Journal of Marketing Research Nov, 2006, pp. 564~579.

Stammerjohan C., Wood C. M., Chang Y., Thorson E., "An empirical investigation of the interaction between publicity, advertising and previous brand attitudes and knowledge", Journal of Advertising Vol.34, No.4, 2005, pp. 55~67.

Stichweh R., "Systems Theory as an Alternative to Action theory? The Rise of Communication as a Theoretical Option", ACTA Sociologica Vol.43, 2000, pp. 5~13.

Stuart H., Kerr G., "Marketing communications and Corporate Identity: are they integrated?", Journal of Marketing Communications 5, 1999, pp. 169~179.

Stuart D. W., "Market Back Approach to the Design of Integrated marketing communications Programs: A Change in Paradigm and a Focus on Determinants of Success", Journal of Business Research 37, 1996, pp. 147~153.

Swain W. N., "Perceptions of IMC after a Decade of Development: Who's at the Wheel And How can we measure the Success?", Journal of Advertising Research Mar, 2004, pp. 46~65.

Swaninathan V., Zinkhan G. M., Reddy S. K., "The Evolution and Antecedents of Transformational Advertising: A Conceptual Model", Advances in Consumer Research Vol.23, 1996.

Thomas J. S., Sullivan U. Y., "Managing Marketing Communications with Multiple Channel Customers", Journal of Marketing Vol.69, 2005, pp. 7~18.

Wright A. A., Lynch Jr. J. G., "Communication Effects of advertising versus Direct Experience when both search and experience Attributes are present", Journal of Consumer Research Vol.21 Mar, 1995, pp. 708~718.

Wightman B., "Integrated Communications: Organization and Education", Public relation Quarterly Summer, 1999, pp. 18~22.

Zahay D., Peltier J., Schultz D. E., Griffin A., "The Role of Transactional Versus Relational Data in IMC Programs: Bringing Customer Data

Together", Journal of Advertising Research Mar, 2004, pp. 3~18.

Zinkhan G. M., Watson R. T., "Advertising Trends: Innovation and the Process of Creative Destruction", Journal of Business Research 37, 1996, pp. 163~171.

통합 브랜드 커뮤니케이션

ⓒ 박준형 2012

초판 인쇄   2012년 1월 2일
초판 발행   2012년 1월 12일

지은이   박준형

펴낸이   김승욱
편집   정은아
디자인   엄혜리 최윤미
마케팅   이숙재 김현경
펴낸곳   이콘출판(주)
출판등록   2003년 3월 12일 제406-2003-059호

주소   413-756 경기도 파주시 교하읍 문발리 파주출판도시 513-8
전자우편   book@econbook.com
전화   031-955-7979
팩스   031-955-8855

ISBN 978-89-97453-01-6 13320

✱ 이 도서의 국립중앙도서관 출판시도서목록(CIP)은 e-CIP홈페이지(http://www.nl.go.kr/ecip)와
  국가자료공동목록시스템(http://www.nl.go.kr/kolisnet)에서 이용하실 수 있습니다.
  (CIP제어번호: CIP2011005657)